10.50

Isaac Bashevis Singer
Eine Kindheit in Warschau

Isaac Bashevis Singer

Eine Kindheit in Warschau

Mit Fotos von Roman Vishniac
Aus dem Amerikanischen übertragen
von Karin Polz

Otto Maier Verlag Ravensburg

Ravensburger Junge Reihe
Herausgegeben von Elisabeth Raabe

5 4 3 84 83 82 81

Die amerikanische Originalausgabe erschien unter dem Titel »A Day of Pleasure. Stories of a Boy Growing Up in Warsaw« bei Farrar, Straus and Giroux, New York

Umschlagkonzeption: Hans-Peter Willberg
Umschlaggestaltung: Hannes Binder
Gesamtherstellung: Kaufmann, Lahr
Printed in Germany
ISBN 3-473-35058-3

Inhalt

Zu den Fotos

Außer den Fotos von Isaac Bashevis Singer, seinem Bruder und seinem Großvater sind alle Fotos in diesem Buch von Roman Vishniac aufgenommen worden. Er machte die Aufnahmen in der Zeit zwischen der Machtergreifung der Nationalsozialisten und der Invasion in Polen, 1939. Fast alle sind in Warschau entstanden, ein paar in Städten der näheren Umgebung. Die Welt auf diesen Fotos ist letztlich ein und dieselbe wie in den Geschichten von Isaac B. Singer, auch wenn diese eine Generation früher spielen.

Die Geschichten, die ich in diesem Buch erzähle, ereigneten sich während der ersten vierzehn Jahre meines Lebens. Nur die letzte Geschichte, *Schoscha*, spielt in einer späteren Zeit, aber auch sie hängt mit meiner Kindheit zusammen. Ich könnte noch mehr über mich, meine Familie und das Polen vergangener Zeiten erzählen, und ich hoffe, daß ich diese Erinnerungen fortsetzen und eine Welt zeigen kann, die kaum jemand mehr kennt: reich an Komischem und Tragischem, Besonderem und Weisem, voll Verrückheit, Ursprünglichkeit und Redlichkeit. Vierzehn dieser Geschichten sind in etwas anderer Form in meinem Buch *Mein Vater der Rabbi* veröffentlicht. Fünf erschienen hier zum erstenmal: *Wer ich bin, Die Fahrt von Radzymin nach Warschau, Reb Itschele und Schprintza, Die Geheimnisse der Kabbala* und *Schoscha*.
Die Erzählungen sind in Jiddisch geschrieben. Sie wurden ins Englische übertragen von Channah Kleinermann-Goldstein, Elaine Gottlieb, Elizabeth Shub, Elizabeth Pollet, Rosanna Gerber und meinem Neffen Joseph Singer.

I.B.S.

Lehrer und Schüler auf dem Weg zum Cheder

Wer ich bin

Ich wurde am 14. Juli 1904 in Radzymin, einer kleinen Stadt in der Nähe der polnischen Hauptstadt Warschau, geboren. Mein Vater, Pinchos Menachem Singer, war Rabbi, ein tief gläubiger Mann. Er hatte einen roten Bart, lange schwarze Schläfenlocken und blaue Augen. Meine Mutter, Bathseba, war die Tochter des Rabbis von Bilgoraj, einem Ort in der Nähe von Lublin. Sie hatte rotes Haar, das sie kurz schnitt und mit einer Perücke bedeckte, wie es unter frommen, verheirateten jüdischen Frauen üblich ist.*

*Anfang des Jahres 1908, als ich drei Jahre alt war, zogen meine Eltern von Radzymin nach Warschau. Dort wurde mein Vater Rabbi in einer sehr ärmlichen Straße, in der Krochmalna.** Das Mietshaus, in dem ich aufwuchs, würde heute in Amerika zu den Slums gehören, aber damals empfanden wir das als nicht weiter schlimm. Abends wurde unsere Wohnung von einer Petroleumlampe erleuchtet. Badezimmer oder fließendes heißes Wasser kannten wir nicht. Das Klosetthäuschen war draußen im Hof.*

Die Leute, die in der Krochmalna wohnten, waren meistens arme Ladenbesitzer oder Arbeiter, aber es lebten dort auch viele Gelehrte ebenso wie Tagediebe, Verbrecher, Leute aus der Unterwelt.

Als ich etwa vier Jahre alt war, kam ich in den Cheder. Jeden Morgen holte mich ein Lehrer ab und brachte mich hin. Ich

---

* Vgl. erklärendes Wortverzeichnis sowie zur Schreibweise jüdischer Namen und Begriffe Seite 191.

** Alle polnischen Straßen- und Städtenamen werden im folgenden in der heute üblichen Schreibweise wiedergegeben.

hatte ein Gebetbuch bei mir, später eine Bibel oder einen Band des Talmud. Das waren meine Schulbücher. Im Cheder hatten wir hauptsächlich Religionsunterricht: Wir lernten beten und den Pentateuch lesen, lernten aber auch, Jiddisch zu schreiben. Mein erster Lehrer war ein alter Mann mit weißem Bart.
Ich hatte einen jüngeren Bruder, Mojsche, der noch ein Säugling war, als wir nach Warschau zogen, eine Schwester, Hinde Esther, die dreizehn Jahre älter war als ich, und einen Bruder, Israel Joshua, elf Jahre älter. Außer Mojsche wurden wir später alle Schriftsteller. Der Roman meines Bruders, ›Di brider Ashkenasi‹ (Die Brüder Aschkenasi), wurde in mehrere Sprachen übersetzt, auch ins Englische. Er schrieb in Jiddisch, wie ich. Unsere Wohnung war ein Ort der Gelehrsamkeit. Mein Vater studierte den ganzen Tag den Talmud. Sooft meine Mutter eine freie Minute hatte, schaute sie in ein frommes Buch. Während andere Kinder Spielzeug besaßen, spielte ich mit den Büchern meines Vaters. Ich begann schon zu »schreiben«, als ich das Alphabet noch gar nicht kannte. Ich tauchte einfach eine Feder in Tinte und kritzelte etwas hin. Ich malte auch gern: Pferde, Häuser, Hunde. Der Sabbat war eine Qual für mich, weil es verboten ist, an diesem Tag zu schreiben.
In Warschau richtete mein Vater in unserer Wohnung einen rabbinischen Gerichtshof ein. Die Leute aus der Krochmalna kamen, um ihn um Rat zu fragen oder um ihn einen Streit nach dem Gesetz der Thora schlichten zu lassen. Mein Vater war eigentlich Rabbi, Richter und geistliches Oberhaupt in einer Person. Es kamen auch Leute, die nur ihr Herz ausschütten wollten. In unserer Wohnung schloß mein Vater Ehen, löste aber auch von Zeit zu Zeit eine Ehe. Unter den Juden damals war ein Rabbi ein Mann mit vielen Aufgaben und wenig Einkünften.
Ich war von Natur aus neugierig. Gern beobachtete ich die Erwachsenen, wie sie sich verhielten. Ich folgte aufmerksam ihren Gesprächen: Manchmal verstand ich, was sie sagten, und manchmal nicht.

Schon früh begann ich, mir alle möglichen Fragen zu stellen: Was würde geschehen, wenn ein Vogel immer weiter in die gleiche Richtung flöge? Was würde geschehen, wenn man eine Leiter von der Erde zum Himmel baute? Was war, bevor die Welt erschaffen wurde? Hatte Zeit einen Anfang? Aber wie könnte Zeit einen Anfang haben? Hat Raum ein Ende? Aber wie könnte leerer Raum ein Ende haben?

Unsere Wohnung in der Krochmalna 10 hatte einen Balkon, auf dem ich oft viele Stunden stand und nachdachte. Im Sommer versammelten sich dort alle möglichen Insekten: Fliegen, Bienen, Schmetterlinge. Diese Wesen weckten in mir eine große Neugier. Was aßen sie? Wo schliefen sie? Wer hatte ihnen Leben gegeben? Nachts erschienen der Mond und die Sterne am Himmel. Mir wurde erzählt, daß einige Sterne größer als die Erde seien. Wenn sie aber so groß sind, wie konnten sie dann in den schmalen Streifen Himmel über den Dächern der Krochmalna passen? Ich stellte meinen Eltern oft Fragen, die auch sie nicht beantworten konnten. Mein Vater sagte dann immer, es sei nicht gut, sich solche Fragen zu gestatten. Meine Mutter aber sagte, ich würde die Antworten finden, wenn ich erwachsen sei. Doch ich stellte bald fest, daß auch Erwachsene nicht alles wissen. Menschen starben in unserer Straße, und dieses erste, erschütternde Erfahren des Todes weckte Furcht und Verwunderung in mir. Meine Mutter tröstete mich. Sie sagte, daß die guten Menschen nach dem Tode ins Paradies kämen. Aber was tun *die Seelen im Paradies, wollte ich wissen. Wie sieht es dort aus? Ich dachte lange nach über die Schrecken der Hölle, wo die Seelen der Sünder bestraft werden.*

Ich war noch jung, als ich zum erstenmal erfuhr, was Menschen zu leiden haben. Polen, zerrissen und aufgeteilt zwischen Rußland, Deutschland und Österreich, hatte seine Unabhängigkeit vor etwa hundert Jahren verloren. Wir Juden aber hatten unser Land Israel vor fast zweitausend Jahren verloren. Mein Vater versicherte mir zwar, daß der Messias kommen werde und wir alle in das Land Israel zurückkehren würden, wenn die Juden einen frommen Lebenswandel führten. Aber zweitausend Jahre zu warten, war eine zu lange Zeit. Und außerdem: Woher konnte man wissen, daß alle Juden Gottes Gesetz achten würden? Es gab Diebe in unserer Straße, alle möglichen Schwindler. Sie und ihresgleichen könnten das Kommen des Messias für immer und ewig hinausschieben...

In meinem Geburtsjahr starb der große Führer des jüdischen Volkes, Dr. Theodor Herzl. Er predigte den Juden, nicht auf das Kommen des Messias zu warten, sondern selbst mit dem Aufbau Palästinas zu beginnen. Aber wie konnten wir das, wenn das Land den Türken gehörte?

In unserer Straße gab es Revolutionäre, die den Zaren von Rußland stürzen wollten. Sie träumten von der Gründung eines Staates, in dem alle arbeiteten und in dem es weder Reiche noch Arme gab. Aber wie konnte jemand den Zaren entthronen, wenn er doch so viele Soldaten mit Säbeln und Gewehren hatte? Und wie konnte es keine Reichen und Armen mehr geben? Es würde immer Leute geben, die in der Krochmalna wohnen mußten, und andere, die in der Marszalkowska wohnten, einer Prachtstraße mit Bäumen und Luxusgeschäften. Die einen lebten in großen Städten, die anderen in abgelegenen Dörfern. Zu Hause wurden diese Fragen von meiner Familie und Besuchern oft diskutiert. Ich merkte mir jedes Wort.

Meine Eltern, mein älterer Bruder und meine Schwester erzählten alle gern Geschichten. Mein Vater erzählte oft von den Wundertaten einzelner Rabbis, aber auch von Geistern, Teufeln und Kobolden. Auf diese Weise wollte er uns festigen im Glauben an Gott und an die guten und bösen Mächte, die die Welt regieren. Meine Mutter erzählte uns Geschichten aus Bilgoraj, wo ihr Vater Rabbi war und die Gemeinde mit fester Hand lenkte. Mein Bruder Joshua hatte sich dem weltlichen Leben zugewendet und fing an, Bücher zu lesen, die nicht religiös waren. Er erzählte mir von Deutschland, Frankreich und Amerika, von fremden Nationen und Rassen, von sonderbaren Anschauungen und Gebräuchen. Er beschrieb alles so leben-

dig, als ob er das selbst kennengelernt hätte. Meine Schwester erzählte romantische Geschichten von Grafen, die sich in Dienstmädchen verliebten. Ich hing meinen eigenen Phantasien nach. Als ich noch sehr klein war, begann ich schon, alle möglichen Geschichten zu erfinden und den Jungen im Cheder zu erzählen. Einmal erzählte ich ihnen, daß mein Vater ein König sei. Das tat ich so genau, daß sie mir glaubten. Wie sie mir glauben konnten, ist mir noch heute ein Rätsel. Ich war ganz gewiß nicht wie ein Prinz gekleidet.

1914 brach der Erste Weltkrieg aus. 1915 – ich war gerade elf Jahre – besetzten die Deutschen Warschau. 1917 hörte ich die unglaubliche Nachricht, daß Zar Nikolaus II. gestürzt worden sei. Die Soldaten mit den Säbeln und Gewehren hatten ihn nicht beschützt, sondern die Revolutionäre sogar unterstützt. Wenn das geschehen konnte – war es dann nicht auch möglich, daß es bald keine Reichen und Armen mehr gab?

Aber noch schien eine solche Zeit in weiter Ferne zu liegen. 1917 herrschten in Warschau Hunger und Typhus. Die Deutschen verschleppten Leute von offener Straße weg zu Zwangsarbeit. Wir waren am Verhungern. So wurde beschlossen, daß Mutter und wir jüngeren Kinder, Mojsche und ich, zu den Großeltern nach Bilgoraj fahren sollten, wo die Lebensmittel nicht ganz so knapp waren. Damals war ich dreizehn und schon ein Bar-Mizwa. Eine Antwort auf meine Fragen aber hatte ich noch nicht gefunden.

Im Judenviertel von Warschau

SKŁAD TIULU
KORONEK i WSTĄŻEK
ORAZ PRZYBORÓW DO GORSETÓW
N. ŻURKOWSKA
1e piętro m. 20.
WYTWÓRNIA
PARASOLI
m. 24

Die Fahrt von Radzymin nach Warschau

Der kleine Zug setzte sich in Bewegung. Ich saß am Fenster und schaute hinaus. Die Leute schienen rückwärts zu gehen. Pferdefuhrwerke bewegten sich in die falsche Richtung. Telegrafenmasten liefen davon. Neben mir saßen meine Mutter und meine Schwester Hindele, die das Baby auf dem Schoß hatte, meinen kleinen Bruder Mojsche. Wir waren auf dem Weg von Radzymin nach Warschau.

Mein großer Bruder Joshua machte die Fahrt mit dem Pferdefuhrwerk, auf dem unsere Möbel und unser übriger armseliger Besitz transportiert wurden. Mein Vater war schon in Warschau. Er hatte in der Krochmalna 10 eine Wohnung gemietet, in der er einen rabbinischen Gerichtshof einrichten wollte.

Aus der Kleinstadt Radzymin in die Großstadt Warschau umzuziehen, war für meine Familie eine Belastung und ein Problem. Für mich aber war der Umzug ein großes Vergnügen. Jeder Augenblick brachte mir neue Erfahrungen. Die winzige Lokomotive – im Scherz wurde sie »der Samowar« genannt – pfiff fröhlich. Von Zeit zu Zeit stieß sie Dampf und Rauch aus, genau wie eine große Lokomotive. Wir fuhren an Dörfern vorbei, an Hütten mit Strohdächern, an Weiden, auf denen Kühe und Pferde grasten. Ein Pferd lehnte sich mit dem Hals an den Hals eines anderen Pferdes. Vogelscheuchen standen auf den Feldern, in Lumpen gekleidet. Vögel umkreisten sie. Sie krächzten und kreischten. Ich stellte meiner Mutter eine Frage nach der anderen. Was ist dies? Was ist das? Meine Mutter und meine Schwester antworteten. Sogar fremde Frauen versuchten, mir Dinge zu erklären. Aber ich war noch immer nicht zufrieden. Ich war besessen von Neugier und Wissensdurst.

Warum fressen Kühe Gras? Warum kommt Rauch aus dem Schornstein? Warum hat ein Vogel Flügel, ein Kalb aber nicht? Warum gehen einige Leute zu Fuß, während andere im Wagen fahren?

Meine Mutter schüttelte den Kopf. »Der Junge macht mich verrückt!«

Die ganze Fahrt dauerte nur zwei Stunden, hinterließ aber so viele Eindrücke, daß es mir vorkam, als sei es eine lange Reise gewesen. Die Wunder nahmen zu, als wir uns Warschau näherten. Hohe Gebäude mit Balkonen waren plötzlich zu sehen. Wir fuhren an einem großen Friedhof mit Tausenden von Grabsteinen vorbei. Eine rote Straßenbahn tauchte auf. Fabrikgebäude mit hohen Schornsteinen und vergitterten Fenstern ragten drohend empor. Ich begriff, daß es keinen Sinn hatte, weitere Fragen zu stellen, und wurde still. Dann hielt der kleine Zug.

Wir nahmen eine Droschke, die von einem grauen Pferd gezogen wurde. Wir fuhren über die Praga-Brücke, und jemand sagte mir, daß der Fluß unter uns dieselbe Weichsel sei, die auch durch Radzymin fließe. Aber wie kann die Weichsel so lang sein, fragte ich mich. Zum erstenmal sah ich Boote und Schiffe. Ein Schiff ächzte und tutete so laut, daß ich mir die Ohren zuhalten mußte. Auf dem Deck eines anderen spielte eine Kapelle. Die Blechinstrumente glänzten in der Sonne und blendeten mich.

Als wir die Brücke überquert hatten, erblickten wir ein weiteres Wunder, die Sigismund-Säule. Vier Wesen aus Stein, halb Mensch, halb Fisch, tranken aus riesigen steinernen Pokalen. Ich wollte fragen, was das sei, aber bevor ich den Mund öffnen konnte, tauchten neue erstaunliche Dinge auf. Straßen, die von großen Gebäuden gesäumt waren, Schaufenster mit Puppen, die seltsam lebendig aussahen. Auf den Gehwegen Damen, deren Hüte mit Kirschen, Pfirsichen, Pflaumen und Weintrauben besetzt waren. Einige trugen einen Schleier vor dem Gesicht. Ich sah Männer, die Zylinder aufhatten und Spazierstöcke mit silbernen Griffen in der Hand hielten. Überall rote Straßenbahnen. Einige wurden von Pferden gezogen, andere bewegten sich von allein. Meine Schwester sagte, sie bewegten sich mit Elektrizität. Ich sah Polizisten auf Pferden, Feuerwehrmänner mit Schutzhelmen, Kutschen, die auf Gummireifen dahinrollten. Die Pferde hielten die Köpfe hoch und hatten kurze Schwänze. Der Kutscher auf unserer Droschke trug einen blauen Mantel und eine Mütze mit einem glänzenden Schirm. Er sprach Jiddisch und wies uns, die wir aus der Provinz kamen, auf die Sehenswürdigkeiten von Warschau hin.

Ich war froh und gleichzeitig niedergeschlagen. Was war schon ein kleiner Junge, gemessen an einer so großen und turbulenten Welt? Und wie sollten wir Vater hier finden? Und wo würden wir meinen Bruder Joshua und das Fuhrwerk mit unsern Möbeln treffen?

Die Erwachsenen schienen alles zu können. Sie hatten all dieses ja gebaut, während ich, ein kleiner Junge, hilflos herumsaß und meine Schwester mich an der Hand hielt, damit ich nicht fiele. Bei jeder Kurve, die die Droschke nahm, bewegte sich der Himmel mit, und in meinem Kopf summte es wie in einem Bienenkorb.

Plötzlich sagte der Kutscher: »Dies ist die Krochmalna.«

Die Häuser hier schienen noch höher als anderswo zu sein. Die enge Straße war voller Menschen. Das Gedränge, Gestoße und Geschrei erinnerten mich an das Feuer, das ich einige Wochen zuvor in Radzymin gesehen hatte, und ich glaubte felsenfest, hier in Warschau sei auch ein Feuer ausgebrochen. Jungen brüllten, rannten durcheinander, pfiffen und rempelten einander an. Mädchen lachten schrill. Es begann, dunkel zu werden, und ein Mann zündete mit einem langen Stock, dessen eines Ende brannte, die Straßenlaternen an. Frauen boten alle möglichen Waren feil. Rauch ringelte sich aus Schornsteinen. Die Droschke machte vor dem Tor zu einem Hof halt, und ich sah meinen Bruder Joshua. Das Fuhrwerk mit den Möbeln war vor uns angekommen.

Meine Mutter fragte nach Vater, und Joshua sagte: »Er ist fortgegangen, um das Abendgebet zu sprechen.«
»Wehe, diese Stadt ist ein Irrenhaus«, rief meine Mutter aus.
»Eine fröhliche Stadt«, sagte mein Bruder.
»Warum sind sie alle auf der Straße?« fragte meine Mutter.
Wir gingen durch das Tor und betraten unser Haus. Ich wurde eine Treppe hinaufgeführt. Ich war noch nie vorher Treppen gestiegen, und das Klettern von Stufe zu Stufe erschien mir aufregend und gefährlich.
Eine Frau begegnete uns im Treppenhaus. Sie fragte: »Sind Sie die Frau des Rabbi? O Gott, man hat Ihnen alles gestohlen... Die Pest soll die Diebe holen, möge ein schwarzes Feuer ihre Eingeweide verbrennen. Kaum waren die Sachen ausgeladen, da schleppten die Diebe sie davon. Lieber Gott, mögen sie auf dem Friedhof enden!«
»Warum hast du nicht aufgepaßt?« fragte meine Mutter Joshua.
»Man kann nicht auf alle achten. Während man mit einem streitet, bestehlen einen zehn andere.«
»Ist wenigstens noch Bettzeug übriggeblieben?«
»Etwas ist noch da«, sagte Joshua.
»Waren es Juden?«
»Es gibt hier auch ein paar Christen...«
Eine Tür wurde geöffnet, und wir betraten eine Küche. Die Wände waren rosa gestrichen. Dann kamen wir in ein großes Zimmer, das ein Fenster und einen Balkon hatte. Ich ging hinaus auf den Balkon und war gleichzeitig drinnen und draußen. Unten drängten sich lärmend die Menschen. Oben, über den Dächern, war ein schmaler Streifen Himmel zu sehen. Ein Mond hing in ihm, gelb wie Messing. In allen Fenstern schimmerten Lampen. Wenn ich die Augen zusammenkniff, gingen feurige Strahlen von ihnen aus. Plötzlich wurde der Lärm noch lauter. Von irgendwoher kam auf einem schnellen Pferd ein Feuerwehrmann angeritten. Sein Helm leuchtete wie Feuer. Die Jungen schrien: »Der Vorreiter, der Vorreiter!«

Später erfuhr ich, daß man in dieser Straße die Feuerwehr immer wieder an der Nase herumführte. Sie wurde oft alarmiert, wenn es gar nicht brannte. Deshalb schickte man einen Vorreiter, der den Alarm überprüfte. Dieses Mal jedoch brannte es wirklich. Rauch quoll aus einem Fenster in einem der oberen Stockwerke, Funken sprühten. Die Balkone waren voller Menschen. Wagen, mit bockenden Pferden davor, kamen angefahren. Feuerwehrmänner rannten mit Beilen, Leitern und Schläuchen in das Gebäude. Polizisten mit Säbeln verjagten die neugierige Menge.

In unserer Wohnung zündete meine Schwester eine Petroleumlampe an. Meine Mutter begann, die uns noch verbleibenden Sachen durchzusehen. »Ja, sie haben uns bestohlen«, sagte sie. Was noch übrig war an Möbeln, war beschädigt. Einige unserer Pessach-Schüsseln waren zerbrochen.

Unsere neuen Räume rochen nach Farbe und Terpentin. Aus den Nachbarwohnungen drang Gesang zu uns. Mein Bruder sagte, die Stimmen kämen aus Grammophonen. Ein Kantor sang wie in der Synagoge. Ein Mädchen lachte, Frauen zankten, aber das alles war nicht wirklich. All diese Stimmen kamen aus riesigen Schalltrichtern, die auf Grammophonen angebracht waren. Mein Bruder wußte auch schon, wer all dies erfunden hatte: Edison in Amerika.

»Wie können Schalltrichter singen und sprechen?« fragte meine Mutter.

»Man spricht in sie hinein, und sie wiederholen, was man sagt«, erklärte Joshua.

»Aber wie?«

»Mit einem Magneten...«

»Das kommt alles von der Elektrizität«, sagte meine Schwester.

»Die Kinder müssen jetzt schlafen«, entschied meine Mutter etwas später.

Ich wurde ausgezogen und wehrte mich nicht. Ich war zu müde. Ich wurde ins Bett gebracht und schlief sofort ein. Ich öffnete die Augen wieder, und das Zimmer war von Sonnenlicht überflutet. Die Fenster standen offen. Der Fußboden sah neu aus. Ich lief auf den Balkon hinaus. Dieselbe Straße, die gestern in das Dunkel der Nacht eingehüllt gewesen war, strahlte jetzt im Sonnenschein. In den Läden drängten sich Käufer. Männer, auf dem Weg zum Gottesdienst, trugen ihre Gebetsmäntel in Taschen unter dem Arm. Straßenhändler verkauften Brotlaibe, Brötchen und Bejgel, geräucherten Hering, warme Erbsen und braune Bohnen, Äpfel, Birnen und Pflaumen. Ein Junge trieb mitten auf der Straße eine Schar Puten vor sich her. Sie versuchten auseinanderzulaufen, aber er rannte mit seinem Stock neben ihnen her und verstand es, sie zusammenzuhalten. Mein Vater saß schon an seinem Tisch, über einen Band des Talmud gebeugt. Er sah mich und ließ mich das Gebet »Ich danke Dir« sprechen.

Er sagte: »Du wirst hier in den Cheder gehen.«

»Ich werde den Weg nicht finden.«

»Der Lehrer bringt dich hin.«

Zum Frühstück gab es Dinge, die ich noch nie zuvor gegessen hatte: Bejgel mit Quark und geräucherten Hering. Ein Nachbar kam und erzählte uns, was hier während der Russischen Revolution von 1905 geschehen war. Die jungen Revolutionäre hätten mit Gewehren geschossen. Alle Läden hätten geschlossen werden müssen. Polizisten hätten mit blanken Säbeln auf die Demonstranten eingeschlagen. Jemand habe eine Bombe geworfen.

Meine Mutter schüttelte traurig den Kopf. Mein Vater zupfte sich am Bart. Es waren schon einige Jahre seitdem vergangen, aber offensichtlich konnte man in der Krochmalna jene Tage des Schreckens nicht vergessen. Viele von den Rebellen saßen in der Zitadelle noch immer Gefängnisstrafen ab. Andere waren nach Sibirien geschickt worden. Viele waren nach Amerika geflohen.

Mein Vater fragte: »Was wollten sie?«

»Den Zaren loswerden.«

Meine Mutter wurde blaß. »Ich will nicht, daß der Junge solche Dinge mit anhört.«
»Was versteht er schon?« sagte der Nachbar.
Aber ich hörte trotzdem zu. Meine Neugier war grenzenlos.

TOSZOWER
WODEK

Eine Geschäftsstraße mit Droschken

Ein Tag der Freude

In guten Zeiten erhielt ich wie alle Jungen im Cheder jeden Tag von Vater oder Mutter ein Zwei-Groschenstück, eine Kopeke. Für mich verkörperte diese Münze alle weltlichen Freuden. Auf der gegenüberliegenden Straßenseite lag Esthers Süßwarenladen, wo man Schokolade, Geleefrüchte, Eis, Karamelbonbons und alle möglichen Plätzchen kaufen konnte. Da ich sehr gern mit Buntstiften malte und da Buntstifte Geld kosten, reichte eine Kopeke nie so weit, wie Vater und Mutter behaupteten.

Manchmal mußte ich mir Geld von einem Mitschüler im Cheder leihen, einem jungen Wucherer, der Zinsen verlangte. Für vier Groschen zahlte ich pro Woche einen Groschen Zinsen. Daher war meine Freude unbeschreiblich, als ich einmal einen ganzen Rubel verdiente – einhundert Kopeken!

Ich weiß nicht mehr genau, wie ich zu diesem Rubel gekommen bin, aber ich glaube, es muß etwa so gewesen sein: Ein Mann hatte bei einem Schuhmacher ein Paar Stiefel aus Ziegenleder in Auftrag gegeben, aber als sie fertig waren, stellte sich heraus, daß sie entweder zu groß oder zu klein waren. Der Mann weigerte sich, die Stiefel zu nehmen, und der Schuhmacher brachte ihn vor den rabbinischen Gerichtshof meines Vaters. Vater schickte mich zu einem anderen Schuhmacher, der den Wert der Stiefel schätzen sollte oder sie vielleicht kaufen konnte, da er auch mit fertigen Schuhen handelte. Zufällig hatte dieser zweite Schuhmacher einen Kunden, dem die Stiefel gefielen und der bereit war, einen guten Preis dafür zu zahlen. Ich kann mich nicht mehr an die Einzelheiten erinnern, aber ich weiß noch, daß ich mit einem Paar brandneuer Stiefel durch die Ge-

gend marschierte und daß mir eine der streitenden Parteien zur Belohnung einen Rubel schenkte.
Ich wußte, daß es um den Rubel geschehen wäre, wenn ich damit zu Hause bliebe. Meine Eltern würden mir etwas zum Anziehen kaufen, etwas, was ich ohnehin bekommen hätte, oder sie würden sich den Rubel von mir leihen. Und wenn sie auch nie bestreiten würden, daß sie ihn mir schuldeten, so würde ich ihn doch nie wiedersehen. Darum nahm ich den Rubel und beschloß, mich einmal den Freuden dieser Welt hinzugeben, einmal all die schönen Dinge zu genießen, nach denen mein Herz sich sehnte.
Schnell lief ich die Krochmalna hinunter. Hier war ich zu bekannt. Hier konnte ich es mir nicht leisten, den Verschwender zu spielen. Aber schon in der Gnoyna kannte mich kein Mensch mehr. Ich winkte einer Droschke, und der Kutscher hielt an.
»Was willst du?«
»Fahren.«
»Wohin?«
»In die anderen Straßen.«
»In welche anderen Straßen?«
»Zur Nalewki.«
»Das kostet vierzig Groschen. Hast du soviel Geld?«
Ich zeigte ihm den Rubel.
»Aber du mußt im voraus bezahlen.«
Ich gab dem Kutscher den Rubel. Er versuchte, ihn zu verbiegen, um zu sehen, ob er echt war. Dann gab er mir mein Wechselgeld – vier Vierzig-Groschenstücke. Ich stieg ein. Der Kutscher knallte so laut mit der Peitsche, daß ich beinahe von der Bank gefallen wäre. Der Sitz unter mir hüpfte auf seinen Federn. Passanten starrten den kleinen Jungen an, der da in einer Droschke fuhr, allein und ohne Gepäck. Die Droschke bewegte sich zwischen Straßenbahnwagen, anderen Droschken, Fuhrwerken und Lieferwagen hindurch. Ich kam mir plötzlich so bedeutend wie ein Erwachsener vor. Lieber Gott, wenn ich

doch tausend Jahre lang so weiterfahren könnte, Tag und Nacht, ohne Halt, bis ans Ende der Welt...
Aber der Kutscher war kein ehrlicher Mann. Das stellte sich bald heraus. Wir hatten erst die Hälfte des Weges hinter uns, da hielt er an und sagte: »Das reicht. Raus mit dir!«
»Aber das ist nicht die Nalewki!« protestierte ich.
»Möchtest du meine Peitsche probieren?« fragte er.
Wenn ich nur stark wie Samson gewesen wäre, ich hätte gewußt, wie man mit solch einem Gauner, solch einem Lümmel fertig wird! Ich hätte ihn zermalmt, Kleinholz aus ihm gemacht! Aber ich war nur ein kleiner, nicht besonders kräftiger Junge, und er knallte mit seiner Peitsche.
Ich stieg aus, gedemütigt und niedergeschlagen. Aber wie lange bleibt man traurig, wenn man vier Vierzig-Groschenstücke in der Tasche hat? Ich sah einen Süßwarenladen und ging hinein. Ich kaufte von allem etwas, und während ich kaufte, probierte ich. Die anderen Kunden sahen mich mißbilligend an. Wahrscheinlich dachten sie, ich hätte das Geld gestohlen. Ein Mädchen sagte laut: »Seht euch doch nur den kleinen Chassid an.«
»He, Schwachkopf, möge ein böser Geist in deines Vaters Sohn fahren!« rief ein Junge mir zu.
Mit Süßigkeiten beladen verließ ich das Geschäft. Als ich die Straße zum Krasińskich-Park überquerte, wäre ich fast überfahren worden. Ich betrat den Park und fing an, von den köstlichen Dingen zu essen. Einem Jungen, der vorbeikam, gab ich ein Stück Schokolade. Anstatt sich zu bedanken, riß er es mir aus der Hand und lief davon. Ich ging zum Teich hinüber und fütterte die Schwäne – mit Schokolade. Frauen zeigten mit dem Finger auf mich, lachten und sagten irgendetwas auf polnisch. Hübsch gekleidete Mädchen mit Reifen und Bällen kamen zu mir gelaufen, und ich verteilte meine Süßigkeiten ritterlich und verschwenderisch unter ihnen. In diesem Augenblick kam ich mir vor wie ein reicher, vornehmer Herr.
Nach einer Weile hatte ich zwar keine Süßigkeiten mehr, aber ich hatte noch etwas Geld. Ich beschloß, noch einmal Droschke

zu fahren. Als ich nun zum zweitenmal in einer Droschke saß und der Kutscher mich fragte, wohin es gehen solle, wollte ich eigentlich »Krochmalna« sagen. Aber irgend jemand in mir, einer, der den Hals nicht voll genug kriegen konnte, sagte statt dessen: »Zur Marszalkowska.«

»Welche Nummer?«

Ich sagte irgendeine Nummer.

Dieser Kutscher war ein ehrlicher Mann. Er brachte mich zur angegebenen Adresse, und er verlangte das Geld auch nicht im voraus. Auf dem Weg dorthin fuhr eine andere Kutsche eine Zeitlang neben uns her. Eine Dame saß darin mit einem gewaltigen Busen und einem riesigen Hut, der mit einer Straußenfeder geschmückt war. Mein Kutscher unterhielt sich mit dem anderen Kutscher. Sie sprachen beide Jiddisch, was der Dame gar nicht gefiel. Noch weniger gefiel ihr der kleine Fahrgast mit dem schwarzen Samtkäppchen und den roten Schläfenlocken. Sie warf mir zornige Blicke zu. Von Zeit zu Zeit hielten die beiden Droschken an, um einen Straßenbahnwagen oder ein schwerbeladenes Fuhrwerk vorbeizulassen. Ein Polizist, der in der Nähe der Straßenbahngleise stand, musterte erst mich, dann die Dame, und einen Augenblick lang schien er die Absicht zu haben, herüberzukommen und mich festzunehmen – aber dann fing er an zu lachen. Ich hatte schreckliche Angst. Ich hatte auch Angst, daß in meiner Tasche plötzlich ein Loch sein könnte und ich mein Geld verloren hätte. Und wenn der Kutscher ein Räuber war, der mich in irgendeine dunkle Höhle entführen wollte? Vielleicht war er auch ein Zauberer. Und vielleicht war dies alles nur ein Traum. Aber nein, der Kutscher war kein Räuber, und er brachte mich nicht zu den zwölf Dieben in der Wüste. Er setzte mich genau bei der Adresse ab, die ich ihm genannt hatte, einem großen Gebäude mit einem Torweg, und ich gab ihm die vierzig Groschen.

»Zu wem willst du?« fragte er mich.

»Zu einem Arzt«, antwortete ich, ohne zu zögern.

»Was fehlt dir?«

»Ich hab Husten.«
»Du bist ein Waisenkind, was?«
»Ja, ein Waisenkind.«
»Von außerhalb?«
»Ja.«
»Von wo?«
Ich nannte irgendeine Stadt.
«Trägst du ein Fransengewand?«
Diese Frage beantwortete ich nicht. Was gingen ihn meine Fransen an? Wenn er doch endlich weiterfahren wollte! Aber er blieb stehen mit seiner Droschke, und ich konnte nicht länger warten – ich mußte den Torweg betreten. Hinter dem Tor lauerte ein riesiger Hund. Er sah mich mit seinen klugen Augen an und schien zu sagen: »Den Kutscher kannst du vielleicht an der Nase rumführen, aber mich nicht. Ich weiß, daß du hier nichts zu suchen hast.« Und er öffnete das Maul und zeigte seine scharfen, spitzen Zähne.
Plötzlich tauchte der Hausmeister auf. »Was willst du hier?« Ich stotterte etwas, aber er schrie mich an: »Verschwinde!« Er kam mit einem Besen auf mich zu. Ich begann zu laufen, und der Hund stieß ein wütendes Geheul aus. Der Droschkenkutscher war wahrscheinlich Zeuge meiner Demütigung, aber gegenüber einem Besen, einem Hausmeister und einem Hund kann ein kleiner Junge nicht den Helden spielen.
Es stand nicht gut für mich, aber ich hatte immer noch etwas Geld. Und mit Geld kann man sich überall vergnügen. Ich sah einen Obstladen und ging hinein. Ich kaufte die erstbeste Frucht, die ich dort liegen sah. Mein Geld reichte gerade. Ich mußte mich von meinem letzten Groschen trennen.
Ich weiß nicht mehr, was für eine Frucht es war. Es muß ein Granatapfel oder etwas ähnlich Exotisches gewesen sein. Ich konnte die Frucht nicht schälen. Als ich hineinbiß, schmeckte sie ekelhaft. Trotzdem aß ich sie bis zum letzten Bissen auf. Aber dann bekam ich plötzlich einen furchtbaren Durst. Meine Kehle brannte und war wie ausgetrocknet. Ich hatte nur einen

Wunsch: etwas zu trinken. Wenn ich doch mein Geld noch hätte! Ich hätte literweise Sodawasser trinken können! Aber ich hatte kein Geld mehr, und, was schlimmer war, es war noch sehr weit bis nach Hause.
Ich machte mich auf den Weg. Plötzlich spürte ich einen Nagel in meinem Stiefel. Bei jedem Schritt bohrte er sich mehr in meinen Fuß. Warum mußte sich der Nagel auch gerade jetzt bemerkbar machen? Ich trat in einen Torweg. Hier gab es keine Hunde und keine Hausmeister. Ich zog den Stiefel aus. Ein spitzer Nagel hatte sich durch die Brandsohle gebohrt. Ich stopfte etwas Papier in den Stiefel und lief weiter. Wie schwer einem das Gehen fällt, wenn man bei jedem Schritt in einen Eisennagel tritt! Wie schlimm muß es erst sein, in der Hölle auf einem Nagelbrett zu liegen! An diesem Tag hatte ich viele Sünden begangen. Ich hatte keinen Segen gesprochen, bevor ich die Süßigkeiten aß, ich hatte von meinem ganzen Geld nicht einen einzigen Groschen den Armen gegeben. Ich hatte nur mich selbst vollgestopft.
Ich brauchte etwa zwei Stunden für den Nachhauseweg. Alle möglichen schlimmen Gedanken bedrängten mich. Vielleicht war zu Hause etwas Schreckliches geschehen. Vielleicht hatte ich gar nicht gelogen, als ich dem Kutscher sagte, daß ich ein Waisenkind sei, sondern hatte in dem Augenblick, als ich es sagte, wirklich meine Eltern verloren. Vielleicht hatte ich keinen Vater, keine Mutter, kein Zuhause mehr. Vielleicht hatte ich plötzlich ein anderes Gesicht wie der Mann in dem Märchenbuch, und Vater und Mutter würden mich nicht erkennen, wenn ich nach Hause kam. Es war alles möglich!
Ein Junge sah mich und hielt mich an. »Wo kommst du denn her? Deine Mutter hat dich überall gesucht!«
»Ich war in Praga, ich bin mit der Straßenbahn gefahren«, sagte ich. Ich log, nur um zu lügen. Wenn man gegessen hat, ohne einen Segen zu sprechen, und noch andere Sünden begangen hat, dann kann man tun, was man will – es kommt nicht mehr darauf an.

»Wen hast du in Praga besucht?«
»Meine Tante.«
»Seit wann hast du eine Tante in Praga?«
»Sie ist gerade nach Warschau gezogen.«
»Komm, du schwindelst. Deine Mutter sucht dich. Schwöre, daß du in Praga warst.«
Ich legte auch noch einen falschen Schwur ab. Dann ging ich nach Hause, müde und verschwitzt – eine verlorene Seele. Ich stürzte zum Wasserhahn und trank und trank. So muß sich Esau über das Linsengericht hergemacht haben, für das er sein Erstgeburtsrecht verkaufte.
Mutter rang die Hände. »Seht euch nur das Kind an!«

Beim Gänseverkaufen

Tote Gänse schreien nicht

Bei uns zu Hause war oft die Rede von den Geistern der Toten, die die Körper der Lebenden beherrschen, von den Seelen, die in den Tieren wiedergeboren sind, von Häusern, die von Kobolden bewohnt werden, von Kellern, in denen Dämonen ihr Unwesen treiben. Mein Vater sprach von diesen Dingen, weil sie ihn beschäftigten, aber auch, weil Kinder in einer großen Stadt so leicht vom rechten Weg abkommen. Sie gehen überall hin, sehen alles, lesen weltliche Bücher. Man muß sie daher von Zeit zu Zeit daran erinnern, daß es in dieser Welt noch immer geheimnisvolle Kräfte gibt.

Als ich etwa acht Jahre alt war, erzählte mein Vater uns eine Geschichte aus einem der heiligen Bücher. Wenn ich mich nicht irre, hatte Rabbi Elias aus Grajdik das Buch geschrieben – oder einer der anderen Weisen aus Grajdik. Die Geschichte handelte von einem Mädchen, das von vier Dämonen besessen war. Es hieß, man habe die Dämonen tatsächlich sehen können, wie sie in ihren Eingeweiden herumkrochen, ihren Bauch aufblähten, von einem Körperteil in den anderen wanderten und in ihre Beine glitten. Der Rabbi von Grajdik hatte die bösen Geister ausgetrieben, indem er das Widderhorn blies, Zauberformeln sprach und wundertätige Kräuter verbrannte.

Als mein Bruder Joshua diese Dinge anzweifelte, regte sich mein Vater schrecklich auf. Er fragte zornig: »Soll denn etwa der große Rabbi von Grajdik, Gott möge mir verzeihen, ein Lügner gewesen sein? Sind alle Rabbis, Heiligen und Weisen Betrüger, und nur die Gottlosen sprechen die Wahrheit? Wehe! Wie kann man nur so blind sein!«

Plötzlich öffnete sich die Tür, und eine Frau trat herein. Sie trug

einen Korb mit zwei Gänsen. Die Frau sah verängstigt aus. Ihre Matronenperücke war verrutscht. Sie lächelte nervös.
Vater sah fremde Frauen nie an, weil das jüdische Gesetz es verbietet. Aber Mutter und wir Kinder merkten sofort, daß irgend etwas unsere unerwartete Besucherin in Angst und Unruhe versetzt hatte.
»Worum geht's?« fragte Vater und wandte ihr den Rücken zu, um sie nicht ansehen zu müssen.
»Rabbi, ich habe ein Problem, ein sehr ungewöhnliches Problem.«
»Worum geht's?«
»Es geht um diese Gänse.«
»Was ist mit den Gänsen?«
»Lieber Rabbi, diese Gänse sind geschlachtet worden, wie es den Vorschriften entspricht. Dann habe ich ihnen die Köpfe abgeschnitten. Ich habe sie ausgenommen, die Eingeweide, die Leber, alle übrigen Organe, aber sie schreien immer noch so jämmerlich...«
Als mein Vater das hörte, wurde er bleich. Auch ich bekam schreckliche Angst. Meine Mutter aber stammte aus einer Familie von Verstandesmenschen. Sie war von Natur aus skeptisch.
»Tote Gänse schreien nicht«, sagte sie.
»Sie werden es schon hören«, erwiderte die Frau.
Sie nahm eine der Gänse und legte sie auf den Tisch. Dann nahm sie die zweite Gans aus dem Korb. Die Gänse hatten keinen Kopf mehr und waren ausgenommen – mit anderen Worten: ganz gewöhnliche tote Gänse.
Ein Lächeln ging über das Gesicht meiner Mutter. »Und *diese* Gänse schreien?«
»Sie werden es gleich hören.«
Die Frau nahm eine Gans und schlug sie gegen die andere. Im gleichen Augenblick ertönte ein Schrei. Es ist nicht leicht, dieses Geräusch zu beschreiben. Es klang wie das Schnattern einer Gans, aber so hoch und unheimlich, mit einem so schrecklichen

Stöhnen und Ächzen, daß es mir kalt über den Rücken lief. Ich konnte fast fühlen, wie sich jedes einzelne Haar meiner Schläfenlocken aufrichtete. Am liebsten wäre ich aus dem Zimmer gelaufen. Aber wohin sollte ich laufen? Meine Kehle war vor Angst wie zugeschnürt. Dann begann auch ich zu schreien und klammerte mich an den Rock meiner Mutter wie ein dreijähriges Kind.
Vater vergaß, daß man fremde Frauen nicht ansehen darf. Er lief zu dem Tisch. Er fürchtete sich genauso wie ich. Sein roter Bart zitterte. Seine blauen Augen zeigten eine Mischung aus Angst und Befriedigung. Für ihn bedeutete dies, daß der Himmel nicht nur dem Rabbi von Grajdik, sondern auch ihm Zeichen schickte. Aber vielleicht kam dieses Zeichen vom Bösen, vom Satan persönlich?
»Was sagen Sie jetzt?« fragte die Frau.
Meine Mutter lächelte nicht mehr. In ihren Augen lag etwas wie Traurigkeit, aber auch Zorn.
»Ich verstehe nicht, was hier vor sich geht«, sagte sie unwillig.
»Wollen Sie es noch einmal hören?«
Wieder schlug die Frau die Gänse gegeneinander, und wieder gaben die Gänse diesen unheimlichen Schrei von sich – den Schrei der stummen Kreatur, die, vom Schächter getötet, sich dennoch einen Funken Lebenskraft bewahrt hat, die mit den Lebenden noch abzurechnen, ein Unrecht zu begleichen hat. Mich fröstelte. Mir war, als ob mich jemand mit aller Kraft geschlagen hätte.
Die Stimme meines Vaters klang heiser und brüchig, als ob er schluchzte. »Zweifelt jetzt immer noch jemand daran, daß es einen Schöpfer gibt?« fragte er.
»Rabbi, was soll ich tun, und wohin soll ich gehen?« Die Frau begann, in einem klagenden Singsangton vor sich hinzumurmeln: »Welches Verhängnis ist über mich gekommen? Weh mir! Was soll ich mit den Gänsen machen? Vielleicht sollte ich zu einem der Wunderrabbis gehen? Vielleicht sind sie nicht so geschlachtet worden, wie es die Vorschriften bestimmen? Ich

habe Angst, sie mit nach Hause zu nehmen. Ich wollte sie für das Sabbatmahl zubereiten, und jetzt dieses Unglück! Heiliger Rabbi, was soll ich tun? Muß ich sie wegwerfen? Jemand sagte, man müsse sie in Leichentücher hüllen und begraben. Ich bin eine arme Frau. Zwei Gänse! Sie haben mich ein Vermögen gekostet!«

Vater wußte nicht, was er sagen sollte. Er sah zu seinem Bücherschrank hinüber. Wenn es irgendwo eine Antwort gab, mußte sie dort zu finden sein.

Plötzlich sah er meine Mutter ärgerlich an. »Und was sagst du jetzt?«

Mutters Gesicht wurde unfreundlich, schmal und spitz. Empörung war in ihren Augen, aber auch so etwas wie Scham.

»Ich möchte es noch einmal hören.« Ihre Worte waren bittend und befehlend zugleich.

Zum drittenmal schlug die Frau die Gänse gegeneinander, und zum drittenmal ertönten die Schreie. Es kam mir in den Sinn, daß so etwa das Schreien eines Kalbes geklungen haben mußte, das geopfert wurde.

»Wehe, wehe, und doch lästern sie weiter... Es steht geschrieben, daß die Gottlosen nicht einmal vor den Toren der Hölle Reue empfinden.« Vater hatte die Sprache wiedergefunden. »Sie sehen die Wahrheit mit eigenen Augen, und doch verleugnen sie weiter ihren Schöpfer. Sie werden in den Abgrund der Hölle geschleift und behaupten, das sei alles Natur oder ein Zufall...«

Er sah Mutter an, als wollte er sagen: Und du bist wie *sie*.

Lange Zeit war es still. Dann fragte die Frau: »Also habe ich es mir nur eingebildet?«

Plötzlich lachte meine Mutter. Etwas in ihrem Lachen ließ uns alle zittern. Ich wußte mit einer Art sechstem Sinn, daß Mutter das Drama, das sich da vor unseren Augen abspielte, beenden würde.

»Haben Sie die Luftröhren entfernt?« fragte Mutter.

»Die Luftröhren? Nein...«

»Dann nehmen Sie sie heraus«, sagte Mutter, »und die Gänse werden nicht mehr schreien.«
Mein Vater wurde zornig. »Was redest du für einen Unsinn? Was hat das mit den Luftröhren zu tun?«
Mutter nahm eine Gans, schob einen ihrer schlanken Finger hinein und zog mit aller Kraft die dünne Röhre heraus, die vom Hals zur Lunge führte. Dann nahm sie die zweite Gans und entfernte auch da die Luftröhre. Ich stand zitternd daneben, entsetzt über den Mut meiner Mutter. Ihre Hände waren voller Blut. Ihr Gesicht spiegelte den Zorn des Verstandesmenschen wider, den man am hellichten Tage einzuschüchtern versucht hat.
Vaters Gesicht war wieder blaß und ruhig – und ein wenig enttäuscht. Er wußte, was hier geschehen war: Logik, kalte Logik unterhöhlte wieder einmal den Glauben, gab ihn dem Gelächter und der Verachtung preis.
»Jetzt nehmen Sie bitte eine Gans und schlagen sie gegen die andere«, forderte meine Mutter die Frau auf.
Es ging um die Entscheidung. Wenn die Gänse schrien, würde Mutter alles verlieren: ihre Kühnheit, die die Kühnheit eines Verstandesmenschen war, und ihren Skeptizismus, den sie von ihrem Vater geerbt hatte. Und ich? Obwohl ich mich fürchtete, betete ich innerlich, daß die Gänse schreien würden, so laut schreien, daß die Leute auf der Straße es hörten und angelaufen kämen.
Aber die Gänse blieben stumm, so stumm, wie zwei tote Gänse ohne Luftröhren nur sein können.
»Bring mir ein Handtuch!« sagte Mutter zu mir.
Ich lief, um das Handtuch zu holen. In meinen Augen standen Tränen. Mutter wischte sich die Hände an dem Tuch ab wie ein Chirurg nach einer schwierigen Operation.
»Das war alles!« verkündete sie triumphierend.
»Was sagen Sie dazu, Rabbi?« fragte die Frau.
Vater begann zu hüsteln, zu murmeln. Er fächelte sich mit seinem Käppchen.

»Ich habe so etwas noch nie gehört«, sagte er schließlich.
»Ich auch nicht«, gab die Frau zurück.
»Ich auch nicht«, sagte meine Mutter. »Aber für alles gibt es eine Erklärung. Tote Gänse schreien nicht.«
»Kann ich jetzt nach Hause gehen und sie kochen?« fragte die Frau.
»Gehen Sie nach Hause und kochen Sie sie für den Sabbat«, entschied Mutter. »Fürchten Sie sich nicht. In Ihrem Kochtopf werden sie keinen Ton von sich geben.«
»Was sagen Sie, Rabbi?«
»Hm... sie sind koscher«, murmelte Vater. »Sie können gegessen werden.« Er war nicht wirklich überzeugt, aber die Gänse jetzt noch für nicht koscher erklären, das konnte er nicht.
Mutter ging wieder in die Küche. Ich blieb bei meinem Vater. Plötzlich begann er, mit mir wie mit einem Erwachsenen zu sprechen. »Deine Mutter schlägt deinem Großvater nach, dem Rabbi von Bilgoraj. Er ist ein großer Gelehrter, aber ein gefühlloser Verstandesmensch. Schon vor unserer Verlobung hat man mich gewarnt...«
Und Vater hob die Hände, als wollte er sagen: Jetzt ist es zu spät, die Hochzeit abzusagen.

Jüdische Jungen in Warschau

Reb Ascher, der Milchmann

Es gibt Menschen auf dieser Welt, die schon als gute Menschen geboren werden. Zu ihnen gehörte Reb Ascher, der Milchmann. Gott hatte ihn mit vielen guten Eigenschaften ausgestattet: Er war groß, stark und breitschultrig und hatte einen schwarzen Bart, große schwarze Augen und die Stimme eines Löwen. Am Neujahrstag und am Versöhnungstag übernahm er beim Hauptgebet der Gemeinde, die sich in unserer Wohnung versammelte, die Rolle des Kantors, und viele Gläubige kamen wegen seiner Stimme. Er tat das umsonst, obwohl er bei den größeren Synagogen gutes Geld dafür hätte verlangen können. So verhalf er meinem Vater während der Feiertage zu einem Verdienst. Und als ob das noch nicht genug wäre, tat Reb Ascher auf diese oder jene Weise ständig irgend etwas für uns. Niemand schickte meinem Vater zum Purimfest ein so großzügiges Geschenk wie Reb Ascher, der Milchmann. Wenn mein Vater in finanziellen Schwierigkeiten war und die Miete nicht zahlen konnte, schickte er mich zu Reb Ascher, um das Geld zu leihen. Und Reb Ascher sagte nie nein. Ohne eine Miene zu verziehen, griff er in seine Hosentasche und holte eine Handvoll Geldscheine und Silbermünzen hervor. Doch beschränkte er sich nicht nur darauf, meinen Vater zu unterstützen. Er gab nach allen Seiten. Dieser einfache Jude, der sich mit großer Mühe durch ein Kapitel der Mischna quälte, lebte sein Leben lang auf der höchsten ethischen Stufe. Was andere predigten, setzte er in die Tat um.

Er war kein Millionär, und er war nicht wohlhabend, aber er hatte ein »bequemes Auskommen«, wie mein Vater es nannte. Ich habe oft Milch, Butter, Käse, Dickmilch und Sahne in seinem Laden gekauft. Den ganzen Tag lang bedienten seine Frau und die älteste Tochter die Kunden, vom frühen Morgen bis zum späten Abend. Seine Frau war rundlich, sie trug eine blonde Perücke, hatte volle Wangen und einen Hals, der mit Sommersprossen bedeckt war. Sie war die Tochter eines Gutsverwalters. Ihr gewaltiger Busen schien mit Milch gefüllt zu sein. Ich stellte mir immer vor, daß Milch, nicht Blut hervorspritzen würde, wenn jemand sie in den Arm schnitte. Einer der Söhne, Judl, war so dick, daß Leute kamen, um ihn wie eine Mißgeburt anzustarren. Er wog fast dreieinhalb Zentner. Ein zweiter Sohn, schlank und etwas dandyhaft, war Schneider geworden und nach Paris gegangen. Ein jüngerer Sohn besuchte noch den Cheder, und ein kleines Mädchen ging auf eine öffentliche Schule.

Während es bei uns zu Hause Probleme, Zweifel und Unruhe gab, war bei Reb Ascher immer alles intakt, gelassen und in Ordnung. Jeden Tag holte Ascher die Milchkannen vom Zug ab. Er stand bei Morgengrauen auf, ging in die Synagoge und fuhr nach dem Frühstück zum Güterbahnhof. Er arbeitete mindestens achtzehn Stunden am Tag, und selbst am Sabbat ruhte er sich nicht aus, sondern hörte sich eine Predigt an oder ging zu meinem Vater, um mit Hilfe des Raschi-Kommentars einen Abschnitt des Pentateuch zu studieren. Er liebte seine Arbeit ebensosehr wie sein Judentum. Ich glaube, ich habe diesen Mann nie nein sagen hören. Sein ganzes Leben war ein einziges großes Ja.

Ascher besaß Pferd und Wagen, und dieses Pferd und der Wagen erweckten heftigen Neid in mir. Wie glücklich mußte ein Junge sein, dessen Vater einen Wagen, ein Pferd und einen Stall besaß! Tag für Tag fuhr Ascher in weit entfernte Stadtteile, sogar bis nach Praga! Ich sah ihn oft an unserem Haus vorbeifahren. Er versäumte nie, nach oben zu schauen und zu grüßen, wenn er einen von uns am Fenster oder auf dem Balkon sah. Häufig sah er mich auch, wenn ich mit einer Horde Jungen durch die Straßen rannte oder wenn ich mit Jungen spielte, die

»kein Umgang« für mich waren. Aber er drohte mir nie, es meinem Vater zu sagen, und versuchte auch nie, mir weise Ratschläge zu erteilen. Er zupfte kleine Jungen nicht am Ohr wie die anderen Erwachsenen, und er kniff sie auch nicht in die Nase oder zog ihnen die Mützen ins Gesicht. Ob groß oder klein – Ascher begegnete jedem Menschen mit Achtung.
Als ich ihn einmal mit seinem Wagen vorbeifahren sah, winkte ich ihm zu und rief: »Nehmen Sie mich mit, Reb Ascher!«
Ascher hielt sofort an und sagte, ich solle aufsteigen. Wir fuhren zu einem Güterbahnhof. Die Fahrt dauerte mehrere Stunden, und ich war überglücklich. Wir fuhren zwischen Straßenbahnwagen, Droschken und Lieferwagen hindurch. Soldaten marschierten an uns vorbei, Polizisten standen Wache, Feuerwehren, Krankenwagen und sogar ein paar von den Automobilen, die man jetzt gelegentlich in den Straßen von Warschau sah, schossen an uns vorbei. Nichts und niemand konnte mir etwas anhaben. Ich wurde von einem Freund beschützt, der eine Peitsche hatte. Unter meinen Füßen spürte ich das Rollen der Räder. Ich glaubte, ganz Warschau müsse mich beneiden. Und tatsächlich blickten die Leute erstaunt den kleinen Chassid mit der Samtkappe und den roten Schläfenlocken an, der da auf einem Milchwagen fuhr und die Stadt besichtigte. Man sah mir wohl an, daß ich nicht zu diesem Wagen gehörte, daß ich eine sonderbare Art von Tourist war...
Von diesem Tag an bestand zwischen Reb Ascher und mir ein stillschweigendes Einvernehmen. Wann immer er es einrichten konnte, nahm er mich mit. Voller Gefahren waren die Augenblicke, in denen Reb Ascher die Milchkannen vom Zug holte oder sich um eine Rechnung kümmern mußte und mich allein im Wagen zurückließ. Dann drehte das Pferd den Kopf und starrte mich erstaunt an. Ascher gab mir immer die Zügel zum Halten, und das Pferd schien im stillen zu sagen: »Nun seht nur, wer jetzt der Kutscher ist...«
Die Angst, das Pferd könne sich plötzlich aufbäumen und durchgehen, gab diesen Augenblicken einen zusätzlichen Ner-

venkitzel. Schließlich ist ein Pferd kein Kinderspielzeug, sondern ein riesiges Geschöpf, stumm, wild und sehr stark. Manchmal kam ein Christ vorbei, sah mich an, lachte und sagte etwas auf polnisch zu mir. Ich verstand ihn nicht, und er versetzte mich ebenso in Schrecken wie das Pferd: Auch er war groß, stark und unbegreiflich. Auch er könnte sich plötzlich auf mich stürzen und mich schlagen oder an meinen Schläfenlokken zerren – etwas, das manche Polen außerordentlich lustig fanden...

Jedesmal wenn ich dachte, nun sei das Ende gekommen – jeden Augenblick würde der Christ mich schlagen, oder das Pferd würde davonjagen und gegen eine Mauer oder eine Straßenlaterne rasen –, tauchte Reb Ascher wieder auf, und alles war gut. Ascher trug die schweren Milchkannen so einfach, als sei er Samson persönlich. Er war stärker als das Pferd, stärker als der Christ, und doch hatte er sanfte Augen und sprach meine Sprache und war der Freund meines Vaters. Ich hatte nur einen Wunsch: Mit diesem Mann Tag und Nacht durch Felder und Wälder zu fahren, nach Afrika, nach Amerika, bis ans Ende der Welt, und alles zu sehen, alles in mich aufzunehmen, was um mich herum geschah...

Wie verwandelt war der gleiche Ascher am Neujahrstag und am Versöhnungstag! Im Studierzimmer meines Vaters hatten Zimmerleute Bänke aufgestellt. Hier beteten die Frauen. Aus dem Schlafzimmer waren die Betten herausgeschafft worden, und man hatte einen heiligen Schrein aufgestellt. So war es zu einem kleinen Bethaus geworden. Ascher hatte ein weißes Gewand an, wodurch sein schwarzer Bart noch schwärzer wirkte. Auf dem Kopf trug er eine hohe, mit Gold und Silber bestickte Kappe. Zu Beginn des Gottesdienstes trat er an das Kantorpult und rezitierte mit seiner Löwenstimme: »Blicke mich an, bar guter Werke...«

Unser Schlafzimmer war viel zu klein für den donnernden Baß, der aus seiner mächtigen Brust ertönte. Man konnte ihn die halbe Straße hinunter hören. Ascher rezitierte und sang. Er kannte jede Melodie, jeden Rhythmus. Die zwanzig Männer, die unsere Gemeinde bildeten, gehörten alle zu seinem Chor. Wenn seine tiefe männliche Stimme erklang, wurden die Frauen unruhig. Gewiß, sie alle kannten ihn gut. Noch gestern hatten sie bei ihm oder seiner Frau eine Kanne Milch, eine Schüssel Sauermilch, ein paar Gramm Butter gekauft und um den Preis gefeilscht. Aber jetzt war Ascher der Abgesandte, der die Gebete des Volkes Israel dem Allmächtigen direkt darbrachte, vor dem Thron der Herrlichkeit, mitten zwischen Engeln, die mit ihren Flügeln schlugen, und Büchern, die sich selber lasen und in denen die guten Taten und die Sünden einer jeden sterblichen Seele aufgezeichnet sind... Wenn er zu dem Gebet kam »Wir wollen dartun die Kraft« und das Los der Menschen verkündete – wer leben wird und wer sterben muß, wen das Feuer vernichten wird und wen das Wasser –, fingen die Frauen an zu schluchzen. Doch wenn Ascher triumphierend ausrief: »Aber Reue, Gebet und Nächstenliebe können abwenden das böse Urteil!« fiel jedem ein Stein vom Herzen. Gleich darauf begann Ascher von der Nichtigkeit des Menschen und von der Größe Gottes zu singen, und Freude und Trost erfüllten jeden. Warum sollen die Menschen – die nur vorüberziehende Schatten, dahinwelkende Blüten sind – Böses erwarten von einem Gott, der gerecht, ehrwürdig und barmherzig ist? Jedes Wort aus Aschers Mund, jeder Ton, den er sang, gaben neuen Mut, weckten neue Hoffnung. Wir sind ein Nichts. Er ist alles. Wir sind zeit unseres Lebens nur Staub, und weniger als Staub nach unserem Tode. Er aber ist ewig, und Seine Tage werden nie enden. In Ihm, nur in Ihm liegt unsere Hoffnung...

Einmal, am Ende eines Versöhnungstages, rettete derselbe Ascher uns allen sogar das Leben. Das kam so. Nachdem wir den ganzen Tag gefastet hatten, aßen wir am Abend reichlich. Später waren noch einige Juden zu uns gekommen, um zu tanzen und miteinander fröhlich zu sein. Mein Vater hatte im Hof schon den ersten Balken der Hütte für das bevorstehende Laubhüttenfest aufgestellt. Erst spät in der Nacht schliefen wir

endlich ein. Da im Schlafzimmer noch die Bänke und Stühle standen und in der ganzen Wohnung ein großes Durcheinander herrschte, schlief jeder, wo er ein Plätzchen finden konnte. Aber etwas hatten wir vergessen: Die Kerzen zu löschen, die noch auf einigen Bänken brannten.
Spät in der Nacht mußte Ascher zum Bahnhof fahren, um Milch abzuholen. Er kam an unserm Haus vorbei und sah, daß es in unserer Wohnung ungewöhnlich hell war. Das war nicht der Schein einer Lampe oder von Kerzen, sondern von Feuer. Ascher wußte sofort, daß es bei uns brennen mußte. Er läutete am Tor, aber der Hausmeister kam nicht. Auch er schlief. Ascher läutete Sturm, schlug gegen die Tür und machte solch einen Lärm, daß der Hausmeister schließlich aufwachte und das Tor öffnete. Ascher rannte die Treppe hinauf und schlug gegen unsere Tür, aber niemand öffnete, da warf er sich mit seinen breiten Schultern mit aller Gewalt gegen die Tür und brach sie auf. Er stürzte in die Wohnung und fand die ganze Familie schlafend, während ringsherum Bänke, Lesepulte und Gebetbücher in Flammen standen. Er brüllte uns mit seiner dröhnenden Kantorstimme an, bis wir endlich zu uns kamen. Dann riß er unsere Decken an sich und versuchte, die Flammen zu ersticken.
Ich erinnere mich daran, als ob es gestern gewesen wäre. Ich öffnete die Augen und sah überall Flammen, große und kleine Flammen, die wie Kobolde tanzten. Die Decke von Mojsche, meinem kleinen Bruder, brannte schon. Aber ich war noch klein und hatte keine Angst. Im Gegenteil – die tanzenden Flammen gefielen mir.
Nach einer Weile war das Feuer gelöscht. Man konnte wirklich sagen, daß ein Wunder geschehen war. Ein paar Minuten später, und wir alle wären in den Flammen umgekommen, denn das Holz der Bänke war trocken und getränkt mit dem Talg der tropfenden Kerzen. Ascher war der einzige Mensch, der zu dieser Stunde auf war, der einzige, der sich nicht scheute, so lange Lärm zu machen, bis jemand kam, und der bereit war, für uns

sein Leben aufs Spiel zu setzen. Es war wohl vorherbestimmt, daß dieser treue Freund uns vor den Flammen retten sollte. Wir waren nicht einmal fähig, uns bei ihm zu bedanken. Es hatte uns allen die Sprache verschlagen. Ascher war in Eile und verließ uns gleich wieder. Wir wanderten zwischen den verkohlten Bänken, Tischen, Gebetbüchern und Gebetsmänteln hin und her und entdeckten immer wieder Funken und schwelende Glut. Wie leicht hätten die Flammen uns alle zu Asche verbrennen können.

Die Freundschaft zwischen meinem Vater und Reb Ascher wurde immer enger, und während der Kriegsjahre, als wir nahe am Verhungern waren, unterstützte Ascher uns wieder, wo er nur konnte.

Auch nachdem wir Warschau verlassen hatten – während des Ersten Weltkrieges –, hörten wir weiterhin von Zeit zu Zeit von ihm. Einer seiner Söhne starb, eine Tochter verliebte sich in einen jungen Mann aus einfachem Hause, was Ascher tief bekümmerte. Ich weiß nicht, ob er die Besetzung Warschaus durch die Nazis noch erlebt hat. Wahrscheinlich ist er vorher gestorben. Aber es waren Juden wie er, die in die Vernichtungslager geschleppt wurden. Mögen diese Erinnerungen ein Denkmal sein für Ascher und für Menschen wie ihn, die wie Heilige lebten und als Märtyrer starben.

Auf dem Markt: ein Stand für Früchte und Gemüse

Zu den wilden Kühen

Während der ganzen Jahre, die wir in Warschau lebten, bin ich nie aus der Stadt herausgekommen. Andere Jungen erzählten oft von ihren Ferienreisen. Es gab Leute, die nach Falenica fuhren, nach Miedzeszyn, Michalin, Swider, Otwock. Für mich waren das alles nur Namen. In der Krochmalna wuchsen keine Bäume. In der Nähe von Nr. 24, wo ich in den Cheder ging, stand ein Baum, aber es war weit von unserem Haus bis Nr. 24. Einige unserer Nachbarn hatten Topfblumen. Meine Eltern hielten das für einen heidnischen Brauch. Ich jedoch empfand eine tiefe Liebe zur Natur. Im Sommer fand ich manchmal ein Blatt, das noch am Stiel eines Apfels hing, und ein solches Blatt weckte Freude und Sehnsucht in mir. Ich roch daran und trug es mit mir herum, bis es verwelkte. Wenn meine Mutter ein Bund Karotten oder Petersilie, Radieschen oder Gurken mit nach Hause brachte, dachte ich an die Tage in Radzymin, wo wir inmitten von Feldern und Obstgärten gelebt hatten. Einmal fand ich in meiner Strohmatratze eine Kornähre. Sie erinnerte mich an vieles. So mußte ich an den Traum von Pharao denken, in dem die sieben dünnen Ähren die sieben vollen verschlangen. Auf dem Geländer unseres Balkons ließen sich viele verschiedene Fliegen nieder: große und kleine, schwarze und grün-goldene. Wenn ein Schmetterling sich hierher verirrte, versuchte ich nicht, ihn zu fangen, sondern hielt den Atem an und betrachtete ihn genau. Das kleine flatternde Geschöpf war für mich ein Gruß aus der Welt der Freiheit.

Aber selbst in der Krochmalna tat Mutter Natur ihr Werk. Im Winter fiel Schnee, im Sommer kam der Regen. Hoch über den Dächern zogen Wolken vorüber – dunkle und helle Wolken,

Wolken, die wie Silber schimmerten, und Wolken, die wie Fische, Schlangen, Schafe oder Besen aussahen. Manchmal fiel Hagel auf unseren Balkon, und einmal, nach einem Regenschauer, wölbte sich ein Regenbogen über den Dächern. Vater ließ mich den Segen sprechen »Wer sich des Bundes erinnert«. Nachts schien der Mond, und die Sterne funkelten. Es war alles voller Geheimnisse.

Mein Freund Baruch-David redete ständig von den Wiesen und Feldern, die vor Warschau liegen, und von den wilden Kühen, die dort grasen. Ich bat ihn, mich doch einmal dorthin mitzunehmen. Er schob es immer wieder hinaus und erfand immer neue Ausreden, doch schließlich mußte er sein Versprechen einlösen, wenn er nicht unsere Freundschaft gefährden wollte. An einem Freitagmorgen im Sommer stand ich sehr früh auf, so früh, daß der Himmel noch rot vom Sonnenaufgang glühte. Für meine Mutter erfand ich irgendeine Ausrede, dann packte ich mir ein paar Scheiben Butterbrot ein, holte eine Kopeke, die ich mir von meinem Taschengeld gespart hatte, aus ihrem Versteck und machte mich auf den Weg, um mich mit Baruch-David zu treffen. Ich war noch nie so früh aufgestanden. Alles sah kühler und frischer aus und kam mir vor wie eine Märchenlandschaft. Hier und dort war ein Pflasterstein feucht. Das komme vom Tau, sagte Baruch-David. Sogar in der Krochmalna gab es also Tau – ich hatte immer gedacht, Tau falle nur im Lande Israel…

Nicht nur die Straße, auch die Menschen sahen frischer aus. Ich entdeckte, daß am frühen Morgen viele Bauernwagen in die Krochmalna kamen. Christen aus den umliegenden Dörfern brachten Gemüse, Hühner, Gänse, Enten und frisch gelegte Eier (nicht wie die Kalkeier, die es in Zeldas Laden gab) in die Stadt. Hinter den Markthallen in der Mirowski war der Großmarkt für Obst. Die Früchte aus allen Obstgärten um Warschau herum wurden hierhergebracht: Äpfel, Birnen, Süß- und Sauerkirschen, Stachelbeeren, Johannisbeeren. Hier gab es auch exotische Früchte und Gemüsesorten, die die meisten jüdischen Kinder noch nie gekostet hatten und für verboten hielten: Tomaten, Blumenkohl, grüne Paprikaschoten. In den Markthallen selbst gab es Granatäpfel und Bananen, aber diese kauften nur vornehme Damen, die ihre Einkaufskörbe von Dienstmädchen tragen ließen.

Baruch-David und ich gingen zügig voran. Dabei erzählte er mir seltsame Geschichten. Sein Vater, sagte er, sei einmal zu Fuß von Warschau nach Skierniewice gelaufen, und unterwegs habe er einen wilden Mann gesehen. Ich wollte unbedingt wissen, wie der wilde Mann ausgesehen hatte, und Baruch-David beschrieb ihn in allen Einzelheiten: Groß sei er gewesen, mit Haar, das bis zum Boden reichte, und einem Horn mitten auf der Stirn, und anstelle von Haut habe er Schuppen gehabt. Zum Frühstück würde die Kreatur ein Kind bei lebendigem Leib verspeisen. Voller Angst fragte ich: »Und wenn uns ein wilder Mann überfällt?«

»Aber nein. In der Nähe von Warschau gibt es keine wilden Männer.«

Ich hätte nicht so leichtgläubig sein sollen, aber ich glaubte nun einmal alles, was Baruch-David mir erzählte.

Wir kamen durch die Nalewki und die Muranowka, und von dort führte der Weg aufs offene Feld. Grüne Wiesen breiteten sich vor mir aus mit allen möglichen Blumen. Ich sah Berge, von denen ich noch nie gehört hatte. Oben waren es richtige Berge, unten aber bestanden sie aus Ziegelmauern, in die kleine Fenster mit Eisengittern eingelassen waren.

»Was ist das?« fragte ich.

»Die Zitadelle.«

Angst überfiel mich. Ich hatte von der Zitadelle gehört. Hier waren die Männer eingekerkert, die versucht hatten, den Zaren zu stürzen.

Ich hatte zwar noch keine wilden Kühe gesehen, aber was ich gesehen hatte, war schon wundervoll und seltsam genug. Der Himmel hier war nicht ein schmaler Streifen wie in der Krochmalna, sondern weit wie der Ozean und senkte sich zur Erde herab wie ein weicher, schwerer Vorhang. Schwärme von Vögeln flogen über uns hinweg, große und kleine. Sie zwitscherten und krächzten und pfiffen. Zwei Störche kreisten über einem der Hügel der Zitadelle. Schmetterlinge in allen Farben flatterten über der Wiese: weiße, gelbe und braune, getupfte und gemusterte. Es roch nach Erde, nach Gras, nach dem Rauch von Lokomotiven und nach etwas, das mir zu Kopf stieg und mich schwindelig machte. Es herrschte eine seltsame Stille, obwohl es überall summte, raschelte, zirpte. Von irgendwo kamen Blütenblätter geflogen und ließen sich auf den Aufschlägen meines Mantels nieder. Ich blickte hinauf zum Himmel, sah die Sonne, die Wolken, und plötzlich verstand ich den Sinn der Schöpfungsgeschichte viel besser. Dies also war die Welt, die Gott erschaffen hatte: die Erde, die Himmel und die Wasser über dem Firmament, die von den Wassern unter dem Firmament geschieden sind.

Baruch-David und ich stiegen auf einen Hügel, und vor uns lag die Weichsel. Die eine Hälfte glitzerte wie Silber, die andere war grün wie Galle. Ein weißes Schiff fuhr vorüber. Der Fluß stand nicht still – er war in Bewegung, hatte ein Ziel, auf das er so ungeduldig zusteuerte, daß man an Wunder und an das Kommen des Messias denken mußte.

»Das ist die Weichsel«, erklärte Baruch-David. »Sie fließt bis nach Danzig.«

»Und dann?«

»Dann fließt sie ins Meer.«

»Und wo ist der Leviathan?«

»Weit weg, am Ende der Welt.«

Dann sagten die Märchenbücher also doch die Wahrheit. Die Welt ist voller Wunder. Man brauchte nur die Muranowka hinter sich zu lassen, und noch eine Straße, und schon war man umgeben von Wunderbarem. Am Ende der Welt? War denn *dies* nicht das Ende der Welt?...

Lokomotiven pfiffen, aber es waren keine Züge zu sehen. Sanfte Winde wehten, und jeder brachte einen anderen Duft

mit sich – längst vergessene oder nie gekannte Gerüche. Eine Honigbiene kam von irgendwoher angeflogen, setzte sich auf eine Blume, roch daran, summte und flog weiter zur nächsten. Baruch-David sagte: »Sie sammelt Honig.«
»Kann sie stechen?«
»Ja, das kann sie, und sie hat ein ganz besonderes Gift.«
Er, Baruch-David, weiß alles. Ohne ihn würde ich nicht nach Hause zurückfinden. Ich weiß nicht einmal mehr, in welcher Richtung Warschau liegt. Baruch-David aber fühlt sich hier so zu Hause wie in seinem eigenen Hof. Plötzlich beginnt er zu laufen. Er tut so, als wolle er mir davonlaufen. Er läßt sich auf den Boden fallen. Das hohe Gras verschluckt ihn. Baruch-David ist nicht mehr da! Ich bin allein auf der Welt, ein Kind, das sich verlaufen hat, genau wie in den Märchenbüchern.
»Baruch-David!« rufe ich. »Baruch-David!«
Ich rufe, aber meine Stimme kommt von irgendwoher zurück. Es gibt ein Echo wie in einer Synagoge, aber es kommt aus weiter Ferne, und meine Stimme ist verändert und macht mir angst.
»Baruch-David! Baruch-David ...!«
Ich weiß, daß er nur Spaß macht. Er will mir nur einen Schrekken einjagen. Aber obwohl ich es weiß, habe ich Angst. Meine Stimme erstickt in Schluchzen. »Baruch-David...!«
Da taucht er wieder auf. Seine schwarzen Augen lachen wie die eines Zigeuners, und er beginnt, im Kreis herumzulaufen wie ein junges Fohlen. Seine Rockschöße fliegen. Der Wind bläht sein Fransengewand auf. Hier draußen in der freien Natur ist auch er zu einem wilden Geschöpf geworden.
»Komm, laß uns zur Weichsel hinuntergehen!«
Der Pfad führt den Hügel hinunter, und wir können nicht gehen – wir müssen laufen. Meine Füße scheinen von selbst zu laufen. Ich muß achtgeben, daß sie nicht noch schneller laufen und mitten ins Wasser springen. Aber das Wasser ist weiter weg, als ich dachte. Je näher ich komme, desto breiter scheint der Fluß zu werden, wie ein Ozean. Wir stoßen auf Kieselsteine, auf Dünen aus feuchtem Sand, die sich weit hinziehen und

voller Rillen sind, wie riesige Sandkuchen, die Kinder gebaut haben. Baruch-David zieht seine Stiefel aus, krempelt die Hosenbeine hoch und watet bis zu den Knöcheln ins Wasser.
»Oh, ist das kalt!«
Er fordert mich auf, auch die Stiefel auszuziehen. Aber das ist mir peinlich. Barfußlaufen paßt nicht zu mir. Nur Straßen- und Christenjungen laufen barfuß.
»Gibt es hier Fische?«
»Ja, massenhaft.«
»Beißen sie?«
»Manchmal.«
»Was machst du, wenn dich ein Fisch beißt?«
»Ich packe ihn am Schwanz...«
Verglichen mit mir ist Baruch-David ein Junge vom Lande, ein Bauernjunge. Ich setze mich auf einen Stein, und alles in mir wogt und gluckst wie das Wasser der Weichsel. Meine Gedanken folgen dem Auf und Ab der Wellen, und es kommt mir so vor, als ob nicht nur die Weichsel, sondern alles um mich herum – die Hügel, der Himmel und auch ich selbst – fort in die Ferne fließe, nach Danzig. Baruch-David zeigt auf das andere Ufer und sagt: »Da drüben ist der Wald von Praga.«
In unserer Nähe ist also ein richtiger Wald, in dem es wilde Tiere und Räuber gibt.
Plötzlich geschieht etwas Außergewöhnliches. Von links, dort wo Himmel und Wasser sich berühren, nähert sich etwas auf dem Wasser, aber es ist kein Schiff. Zuerst sieht es klein aus, in Dunst gehüllt. Bald wird es größer und deutlicher. Es sind Flöße aus Baumstämmen. Männer stehen darauf. Sie lehnen sich gegen lange Stangen und stemmen sie mit aller Kraft nach vorne. Auf einem der Flöße steht eine kleine Hütte – ein winziges Haus auf dem Wasser! Sogar Baruch-David reißt vor Erstaunen den Mund auf.
Es dauert lange, sehr lange, bis die Flöße auf unserer Höhe sind. Die Männer rufen uns etwas zu. Einer von ihnen sieht wie ein Jude aus. Er hat einen Bart. Ich glaube, er trägt sogar ein jüdi-

sches Käppchen. In den Parabeln des Predigers von Dubnow habe ich gelesen, daß jüdische Kaufleute nach Danzig und Leipzig reisen. Ich habe auch gehört, daß Holz auf dem Wasserweg befördert wird. Aber jetzt sehe ich es mit eigenen Augen – eine Geschichte des Predigers von Dubnow wird plötzlich Wirklichkeit! Eine Weile lang bleiben die Flöße auf unserer Höhe. Ein Hund steht auf einem von ihnen, ganz nahe am Rand, und bellt uns an. Wehe uns, wenn er über das Wasser springen könnte! Er würde uns in Stücke reißen. Langsam ziehen die Flöße weiter. Zeit vergeht. Die Sonne hat den Zenit erreicht und wandert schon nach Westen. Erst als die Flöße unter einer Brücke verschwunden sind, machen wir uns auf den Rückweg. Wir gehen nicht den Weg zurück, den wir gekommen sind, sondern schlagen eine andere Richtung ein.

Die wilden Kühe fallen mir wieder ein, und ich will Baruch-David schon nach ihnen fragen, aber dann tue ich es doch nicht. Mir wird plötzlich klar, daß die wilden Kühe und der wilde Mann nur in seiner Einbildung existieren. Wir werden sie nie zu Gesicht bekommen, weder die wilden Kühe noch den wilden Mann. Als ich meiner Mutter von den wilden Kühen erzählte, hatte sie gesagt: »Wenn es solche Kühe gibt – warum fängt man sie dann nicht und verkauft sie an die Molkereien? Und warum hat sie nur dein Freund Baruch-David gesehen?« Sie war bei den wilden Kühen genauso skeptisch, wie sie es bei den schreienden Gänsen gewesen war.

Die Sonne färbt sich schon rot. Zu Hause macht Mutter sich sicher Sorgen – sie ist so ängstlich. Bald muß das Sabbatmahl zum Bäcker gebracht werden, und wer soll das tun? Wir gehen schneller, jeder in seine eigenen Gedanken versunken. Über uns schwingen sich Vögel durch die Lüfte, und die Fenster der Zitadelle glühen rotgolden im Schein der untergehenden Sonne. Ich denke an die Männer, die dort in Ketten liegen, weil sie versucht haben, den Zaren zu stürzen. Mir ist, als könnte ich ihre Augen sehen, und plötzlich ist alles mit Sabbatabend-Unheimlichkeit und Sabbatabend-Traurigkeit erfüllt.

Eine Familie, die Bejgel auf der Straße feilbietet

Die Waschfrau

Wir kamen nur wenig mit Christen in Berührung. Der einzige Christ in unserem Hause war der Hausmeister. Freitags holte er sich immer sein Trinkgeld, sein »Freitagsgeld«. Er blieb an der Tür stehen, nahm den Hut ab, und meine Mutter gab ihm sechs Groschen.
Außer dem Hausmeister waren auch die Waschfrauen Christen. Sie kamen ins Haus und holten unsere Wäsche. Um eine von ihnen geht es in dieser Geschichte.
Sie war eine alte Frau, klein, das Gesicht voller Runzeln. Als sie anfing, für uns zu waschen, war sie schon über siebzig. Die meisten jüdischen Frauen im gleichen Alter waren kränklich, schwach und gebrechlich. Alle alten Frauen in unserer Straße gingen gebeugt und stützten sich auf Stöcke. Diese Waschfrau aber, so klein und mager sie auch war, besaß eine Zähigkeit, die auf Generationen bäuerlicher Vorfahren zurückging. Mutter zählte mit ihr immer die Wäschestücke durch, die sich in mehreren Wochen angesammelt hatten. Dann hob die alte Frau das unhandliche Bündel hoch, lud es sich auf die schmalen Schultern und schleppte es den weiten Weg nach Hause. Sie wohnte auch in der Krochmalna, aber am anderen Ende, schon fast in Wola. Sie muß für den Weg eineinhalb Stunden gebraucht haben.
Nach etwa zwei Wochen brachte sie die Wäsche zurück. Mit keiner anderen Waschfrau war meine Mutter je so zufrieden gewesen. Die Weißwäsche schimmerte wie poliertes Silber. Jedes Stück war sorgfältig gebügelt. Und doch verlangte sie nicht mehr als andere. Sie war ein Juwel. Mutter hatte das Geld für sie immer bereitliegen, weil man von der alten Frau nicht er-

warten konnte, daß sie den weiten Weg noch einmal machte. Waschen war damals nicht leicht. Unsere alte Waschfrau hatte zu Hause kein fließendes Wasser. Sie mußte es von einer Pumpe holen. Wenn die Leinenwäsche richtig sauber werden sollte, mußte sie in einem Bottich mit einer Bürste abgeschrubbt, gespült und mit Bleichsoda eingeweicht, in einem großen Kessel gekocht, dann gestärkt und schließlich gebügelt werden. Jedes Stück wurde zehnmal und öfter in die Hand genommen. Und das Trocknen! Man konnte die Wäsche nicht draußen aufhängen, weil sie gestohlen worden wäre. Die ausgewrungene Wäsche mußte auf den Dachboden getragen und dort auf Leinen aufgehängt werden. Im Winter fror sie und wurde so zerbrechlich wie Glas, so daß man sie kaum berühren konnte. Und es gab immer Streitereien mit den übrigen Hausbewohnerinnen und den anderen Waschfrauen, die ihre Wäsche auch auf dem Dachboden aufhängen wollten. Gott allein weiß, was die alte Frau bei jedem Wäschewaschen zu ertragen hatte!
Sie hätte vor der Kirche betteln oder in ein Altersheim für die Armen gehen können. Aber sie war stolz, und sie liebte ihre Arbeit wie viele Christen. Die alte Frau wollte niemandem zur Last fallen, und so trug sie ihre Last allein.
Meine Mutter sprach etwas Polnisch, und die alte Frau redete mit ihr über alles Mögliche. Mich mochte sie besonders gern, und sie sagte immer, ich sähe aus wie Jesus. Sie sagte das jedesmal, wenn sie kam, und meine Mutter runzelte jedesmal die Stirn und flüsterte vor sich hin, wobei sie die Lippen kaum bewegte: »Mögen ihre Worte in alle Winde zerstreut werden.«
Unsere Waschfrau hatte einen Sohn, der viel Geld hatte. Ich weiß nicht mehr, was er von Beruf war. Er schämte sich seiner Mutter, weil sie eine Waschfrau war. Er besuchte sie nie und hatte ihr auch noch nie einen Groschen gegeben. Die alte Frau erzählte das ohne Verbitterung. Eines Tages heiratete der Sohn, anscheinend war es eine gute Partie. Die Trauung fand in einer Kirche statt. Der Sohn hatte seine alte Mutter nicht zur Hochzeit eingeladen, aber sie ging zur Kirche und wartete an der

Treppe, um zu sehen, wie ihr Sohn die »junge Dame« zum Traualtar führte.
Die Geschichte vom treulosen Sohn beeindruckte meine Mutter so sehr, daß sie monatelang immer wieder davon sprach. Für sie war es eine Beleidigung nicht nur dieser alten Frau, sondern aller Mütter. Sie sagte: »Nu, zahlt es sich aus, daß man für seine Kinder Opfer bringt? Die Mutter arbeitet bis an die Grenze ihrer Kraft, und der Sohn weiß nicht einmal, was Treue überhaupt ist.«
Und dann machte sie versteckte Andeutungen, daß sie sich bei ihren eigenen Kindern auch nicht so ganz sicher sei: Wer könne schon wissen, was sie eines Tages tun würden? Das hielt sie jedoch nicht davon ab, jede Minute für uns zu sorgen. Wenn es einmal einen besonderen Leckerbissen gab, legte sie ihn für uns Kinder beiseite und erfand alle möglichen Ausreden und Gründe, warum sie selbst nichts davon wollte. Sie kannte Zaubersprüche aus uralten Zeiten, und sie gebrauchte Ausdrücke, die sie von Generationen liebevoller Mütter und Großmütter übernommen hatte. Wenn eines der Kinder über Schmerzen klagte, sagte sie: »Möge ich dein Lösegeld sein und mögest du meine Gebeine überleben!« Oder sie sagte: »Möge ich das Sühneopfer für den geringsten deiner Fingernägel sein.« Wenn wir aßen, sagte sie: »Gesundheit und Mark für eure Knochen!« Am Tag vor Neumond gab sie uns eine besondere Sorte von Bonbons, die angeblich vor Würmern schützen sollten. Wenn einer von uns etwas im Auge hatte, leckte sie es mit der Zunge weg. Wenn wir Husten hatten, gab sie uns Kandiszucker, und von Zeit zu Zeit ließ sie uns segnen, damit der böse Blick uns nichts anhaben konnte. All das hielt sie nicht davon ab, *Die Herzenspflichten, Das Buch des Aufrechten* und andere bedeutende ethische Werke zu studieren.
Aber kehren wir wieder zur Waschfrau zurück. In jenem Jahr war der Winter besonders hart. Draußen herrschte bittere Kälte. Wie sehr wir auch einheizten – die Fenster blieben mit Eisblumen bedeckt, und an den Rahmen hingen Eiszapfen. Die

Zeitungen berichteten, daß Menschen erfroren seien. Kohle wurde teuer. Es war so kalt geworden, daß Eltern ihre Kinder nicht mehr in den Cheder schickten. Auch die polnischen Schulen wurden geschlossen.
An einem dieser Tage kam die Waschfrau, jetzt fast achtzig Jahre alt, zu uns. In den vergangenen Wochen hatte sich ein großer Berg schmutziger Wäsche angesammelt. Mutter machte ihr zum Aufwärmen Tee und gab ihr ein Stück Brot. Vor Kälte zitternd saß die alte Frau auf dem Küchenstuhl und wärmte sich die Hände an der Teekanne. Ihre Finger waren gekrümmt vom Arbeiten, vielleicht hatte sie auch Arthritis. Ihre Fingernägel waren merkwürdig weiß. Diese Hände sprachen vom Eigensinn des Menschen, von seiner Entschlossenheit zu arbeiten, noch über die Grenzen der eigenen Kräfte hinaus. Mutter zählte die Wäschestücke und schrieb eine Liste: Männerunterhemden, Frauenunterjacken, lange und kurze Unterhosen, Unterröcke, Frauenhemden, Bettbezüge, Kopfkissenbezüge, Laken und die Fransengewänder der Männer. Ja, auch diese heiligen Gewänder wusch die Christin.
Das Bündel war groß, größer als sonst. Als die alte Frau es sich auf die Schultern hob, verschwand sie darunter. Zuerst schwankte sie, als ob sie unter der Last zusammenbrechen würde. Aber irgend etwas in ihr schien voller Hartnäckigkeit zu rufen: Nein, du darfst nicht fallen. Ein Esel mag es sich gestatten, unter seiner Last zusammenzubrechen, nicht aber der Mensch, die Krone der Schöpfung.
Es war erschütternd anzusehen, wie die alte Frau mit dem Riesenbündel hinauswankte, hinaus in die eisige Kälte, hinaus in den trockenen Pulverschnee, der hochgewirbelt als weißer Staub wie tanzende Kobolde um die Ecken fegte. Würde die alte Frau Wola je erreichen?
Sie war fort, und Mutter seufzte. Dann betete sie für sie.
Normalerweise brachte die alte Frau die Wäsche nach zwei, spätestens drei Wochen zurück. Diesmal vergingen drei Wochen, dann vier und fünf – die alte Frau ließ nichts von sich hö-

ren. Wir mußten ohne unsere Wäsche auskommen. Die Kälte war noch schlimmer geworden. Die Telefonleitungen waren dick wir Taue. Die Zweige der Bäume schienen aus Glas zu sein. Es war so viel Schnee gefallen, daß sich auf den Straßen Schneewehen gebildet hatten und man an vielen Stellen Schlitten fahren konnte wie an einem Berghang. Barmherzige Menschen zündeten in den Straßen kleine Feuer an, damit die Obdachlosen sich aufwärmen und ein paar Kartoffeln rösten konnten – wenn sie welche hatten.
Daß die Waschfrau nicht wiederkam, war eine Katastrophe für uns. Wir brauchten die Wäsche. Aber wir wußten nicht einmal die Adresse der Frau. Bestimmt war sie zusammengebrochen, vielleicht sogar gestorben. Mutter behauptete, sie hätte geahnt, als die Frau uns das letzte Mal verlassen habe, daß wir unsere Sachen nie wiedersehen würden. Sie suchte ein paar alte, zerschlissene Hemden heraus und wusch und flickte sie. Wir trauerten um die Wäsche und um die alte, abgearbeitete Frau, die wir liebgewonnen hatten in all den Jahren, in denen sie uns so treu gedient hatte.
Mehr als zwei Monate vergingen. Der Frost hatte nachgelassen, aber dann waren die Temperaturen wieder gesunken, eine neue Kältewelle war hereingebrochen. Eines Abends, als Mutter neben der Petroleumlampe saß und ein Hemd ausbesserte, ging die Tür auf, und eine kleine Dampfwolke wehte ins Zimmer, gefolgt von einem Riesenbündel Wäsche. Unter dem Bündel kam schwankend die alte Frau herein. Ihr Gesicht war weiß wie ein Leintuch. Ein paar Strähnen ihres weißen Haares waren unter dem Kopftuch hervorgerutscht. Mutter stieß einen halberstickten Schrei aus. Es war, als ob eine Tote das Zimmer betreten hätte. Ich lief zu der alten Frau und half ihr, das Bündel abzuladen. Sie war noch dünner als früher. Ihr Gesicht war noch hagerer und ihr Kopf wackelte hin und her, als ob sie ständig nein sage. Sie konnte kein klares Wort herausbringen, sondern murmelte mit eingesunkenem Mund und blassen Lippen irgend etwas vor sich hin.

Nachdem sich die alte Frau etwas erholt hatte, erzählte sie uns, daß sie krank gewesen sei, sehr krank. Ich weiß nicht mehr, was ihr eigentlich gefehlt hat. Sie war so krank gewesen, daß jemand einen Arzt gerufen hatte, und der Arzt ließ einen Geistlichen kommen. Man hatte den Sohn benachrichtigt, und der gab Geld für den Sarg und für die Beerdigung. Aber der Allmächtige hatte diese von Leid geplagte Seele noch nicht zu sich nehmen wollen. Sie fühlte sich wieder besser, sie wurde gesund, und sobald sie auf den Füßen stehen konnte, fing sie wieder an zu arbeiten. Sie wusch nicht nur für uns, sondern auch noch für andere Familien.

»Die Wäsche hat mich nicht ruhig schlafen lassen«, erklärte die alte Frau. »Wegen der Wäsche konnte ich nicht sterben.«

»Mit Gottes Hilfe werden Sie leben und hundertzwanzig Jahre alt werden«, sagte meine Mutter.

»Das möge Gott verhüten! Wozu sollte ein so langes Leben gut sein? Die Arbeit wird immer schwerer... Meine Kräfte verlassen mich... Ich möchte niemandem zur Last fallen!« Die alte Frau murmelte vor sich hin, bekreuzigte sich und hob die Augen zum Himmel.

Glücklicherweise war etwas Geld im Haus, und Mutter zählte zusammen, was sie der Waschfrau schuldig war. Ich hatte ein merkwürdiges Gefühl: Die Münzen in den ausgelaugten Händen der alten Frau schienen plötzlich genauso abgenutzt und sauber und fromm wie sie selbst zu sein. Sie hauchte die Münzen an und knotete sie in ein Tuch. Dann versprach sie, in ein paar Wochen wiederzukommen, um neue Wäsche zu holen, und ging.

Aber sie kam nie wieder. Die Wäsche zurückzubringen, war ihre letzte Anstrengung auf dieser Erde gewesen, getrieben von einem unbeugsamen Willen, den rechtmäßigen Besitzern ihr Eigentum zurückzubringen, eine einmal übernommene Aufgabe zu erfüllen.

Nun endlich war ihr Körper, seit langem nicht mehr als eine brüchige Schale, zusammengehalten allein durch Ehrlichkeit und Pflichtbewußtsein, auseinandergebrochen. Ihre Seele wanderte dorthin, wo alle heiligen Seelen sich versammeln, gleich welche Rolle sie auf Erden gespielt, welche Sprache sie gesprochen und welchen Glauben sie gehabt haben. Ich kann mir das Paradies ohne diese Waschfrau nicht vorstellen. Ich kann mir auch eine Welt nicht vorstellen, in der solche Mühen nicht belohnt werden.

In der Einzimmerwohnung eines Handwerkers

Ich werde Einsammler

Ein Rabbi wie mein Vater war finanziell auf die Leute in der Nachbarschaft angewiesen. Da sie in religionsgesetzlichen Fragen seinen Rat brauchten und wußten, daß auch ein Rabbi irgendwie leben mußte, gaben sie seinem Einsammler wöchentlich das, was sie erübrigen konnten. Der Einsammler stellte zwar darüber eine Quittung aus, aber es war nicht weiter schwierig für ihn, mehr als die ihm zustehenden zwanzig Prozent Provision für sich zu behalten.
Unser erster Einsammler war ein ehrlicher Mann, aber er heiratete und wurde Schächter. Die Nachfolger waren Betrüger, einer schlimmer als der andere. Als ich neun Jahre alt war, hatten wir einen Einsammler, der fast alles Geld für sich behielt. Von Woche zu Woche lieferte er weniger ab und jammerte dabei: »Die Leute wollen einfach nicht zahlen!« oder »Es sind schlechte Zeiten, keiner hat Geld!« Es war unter der Würde meines Vaters, einen anderen Juden zu verdächtigen.
Schließlich hatten wir kein Stück Brot mehr im Haus, und kein Ladenbesitzer wollte uns noch Kredit geben. Meine Eltern konnten mir auch das tägliche Zwei-Groschenstück für Bonbons oder Schokolade nicht mehr geben. Wir konnten die Miete nicht zahlen, und der Hausbesitzer drohte, er würde uns verklagen und unsere Möbel versteigern. Wenn Vater das Tischgebet sprach: »Und laß uns nicht entbehren die Geschenke von Fleisch und Blut«, blickte er zum Himmel und seufzte tiefer als gewöhnlich. Konnte man die Thora studieren und Jude sein, wenn es am Sabbat nichts zu essen gab?
Als Vater mir eines Tages seine Sorgen schilderte, sagte ich: »Laß mich einsammeln!«

Vater sah mich überrascht an. »Aber du bist doch noch ein Kind. Du mußt lernen.«
»Das kann ich trotzdem.«
»Was, meinst du, würde Mutter dazu sagen?«
»Wir brauchen es ihr ja nicht zu erzählen.«
Vater dachte eine Weile nach. Dann sagte er: »Na ja, versuchen wir's.«
Ich ging mit den Sammelkarten zu den angegebenen Adressen, und trotz aller Jammergeschichten meines korrupten Vorgängers wurde großzügig gegeben. Da wir den Einsammler schon vor Wochen entlassen hatten, waren viele Leute mit der Zahlung im Rückstand, und innerhalb einer Stunde waren die beiden Taschen meines Kaftans voller Kupfer- und Silbermünzen. Nach zwei Stunden ging nichts mehr hinein, und ich mußte das Geld in die Brusttasche und die Hosentasche stopfen.
Zuerst hatte ich mich geschämt, aber das ging bald vorüber. Alle waren sehr freundlich zu mir. Die Männer kniffen mir in die Wangen, die Frauen segneten mich und steckten mir Plätzchen, Obst und Bonbons zu. Mein Vater, sagten sie, sei ein frommer Mann, ein Heiliger. Ich stieg Treppen hinauf und klopfte an Türen. Ich hatte bisher gedacht, ich kenne die Krochmalna. Jetzt zeigte sie sich von einer ganz anderen Seite. Ich lernte Schneider, Schuster, Kürschner, Bürstenbinder und andere Handwerker kennen. In einer Wohnung zogen Mädchen Korallen auf Schnüre, und auf Tischen, Stühlen und Betten glitzerten Häufchen von bunten Glasperlen. Ich kam mir vor wie in einem verzauberten Schloß.
Als ich die Tür zu einer anderen Wohnung öffnete, schrie ich erschrocken auf. Auf dem Fußboden lagen tote Tiere. Der Mann, der dort wohnte, kaufte von einem Jäger Hasen und verkaufte sie an Restaurants weiter. In einer anderen Wohnung wickelten Mädchen Garn von Spindeln auf Spulen und sangen jiddische Lieder dazu. In ihrem zerzausten Haar blieben Garnflusen hängen.
In einer Wohnung spielten Leute Karten, in einer anderen ho-

belte ein alter, weißbärtiger Mann an einem Brett. Hobelspäne und Holzstückchen flogen durch die Luft, während eine alte Frau mit einem Häubchen Gebete in einem heiligen Buch las. In der Wohnung eines Buchbinders mußte ich entsetzt mit ansehen, wie seine Gehilfen über den Pentateuch und andere heilige Bücher trampelten. In wieder einer anderen Wohnung traf ich eine verwachsene Frau, eine Mißgeburt, mit einem fast spitzen Kopf. Sie hatte große Kalbsaugen und einen plumpen Körper, und sie lallte wie eine Taubstumme und gab schreckliche Laute von sich. Zu meiner Verwunderung erfuhr ich, daß sie verheiratet war.

Woanders sah ich einen gelähmten Mann mit bleichem Gesicht auf einer Art Brett liegen. Eine Frau fütterte ihn, und das Essen tropfte auf seinen schütteren Bart. Er hatte einen merkwürdig schielenden Blick. Ich machte die Tür sofort wieder zu. Dann stieg ich eine unglaublich schmutzige Treppe hinauf bis unters Dach. Im Treppenhaus spielten rachitische Kinder mit Scherben und Lehm. Alle hatten nackte Füße. Einer der Jungen war kahlgeschoren. Er war blaß, seine Ohren waren geschwollen, seine Schläfenlocken lang und verfilzt. Ein Mädchen spuckte ihn an, und er stieß irgendeinen Fluch aus. Ich zog eine von den Karten hervor und fragte: »Wo wohnt Jenta Flederbaum?«

»In der *schtchunka*...«

So nannte man in Warschau einen dunklen Flur.

Ich war an sich ziemlich ängstlich, aber an diesem Tag hatte ich solchen Mut, als ob irgend etwas mich verwandelt hätte. Ich stolperte durch den dunklen Korridor und stieß gegen Körbe und Kisten. Es raschelte, als ob dort Mäuse wären. Ich zündete ein Streichholz an und sah, daß die Türen keine Nummern, nicht einmal Klinken hatten. Ich stieß eine Tür auf, und was ich sah, ließ mich erstarren. Auf dem Boden lag ein Leichnam, in ein Laken gehüllt. Am Kopfende standen zwei Kerzen, und eine Frau hockte auf einem Schemel daneben und rang laut weinend die Hände. Der Spiegel an der Wand gegenüber war verhängt. Zitternd vor Angst warf ich die Tür zu und wich in den Flur zurück. Feurige Punkte tanzten mir vor den Augen. In meinen Ohren hämmerte es. Ich fing an zu laufen, stolperte aber über einen Korb oder eine Kiste. Es war, als ob mich jemand an den Rockschößen gepackt hätte und zurückzöge. Knochige Finger umklammerten mich. Ich hörte einen entsetzlichen Schrei. In kalten Schweiß gebadet, lief ich weiter. Mein Kaftan zerriß. Nie wieder würde ich einsammeln. Ich mußte mich übergeben. Ich zitterte am ganzen Körper. Die Münzen in meinen Taschen wurden immer schwerer. Mir war, als sei ich an diesem Tag alt geworden.

Ich hatte keinen Hunger, obwohl ich seit dem frühen Morgen nichts gegessen hatte. Etwas drückte auf meinen Magen. Ich ging zum Radzyminer Lehrhaus, wo die Männer unserer Familie immer beteten, aber es war niemand da, weil Mittagszeit war. Wie ein alter Mann setzte ich mich hin und ruhte mich aus. Meine Füße schmerzten, in meinem Kopf pochte es. Ich sah die heiligen Bücher dort stehen, aber es kam mir so vor, als hätte ich nichts mehr mit ihnen zu tun: Ich schien alles vergessen zu haben.

Plötzlich wurde mir klar, daß das, was ich getan hatte, nicht richtig war, und ich verachtete mich selbst. In diesem Augenblick faßte ich einen Entschluß, an den ich mich noch heute halte: Nie etwas für Geld zu tun, das mir gegen den Strich geht, und keine Geschenke anzunehmen. Ich wollte diesen miserablen Job so schnell wie möglich loswerden.

Als ich nach Hause kam, war Mutter gerade nicht da. Vater saß in seinem Arbeitszimmer, sah mich besorgt an und fragte: »Wo bist du den ganzen Tag gewesen?« Dann sagte er rasch: »Die ganze Sache tut mir leid. Du mußt wieder lernen...«

Als ich meine Taschen leerte, stellte sich heraus, daß ich an einem Tag mehr eingenommen hatte, als der Einsammler uns in einem ganzen Monat abgeliefert hatte. Vater schob das Geld in eine Schublade, ohne es zu zählen. Mir fiel ein Stein vom Herzen.

»Ich kann es nicht weitermachen«, sagte ich.

»Gott bewahre!«
Aber der neue Einsammler war auch nicht ehrlich. Schließlich hängte Vater eine Mitteilung aus, daß man dem Einsammler kein Geld mehr geben solle. Er versuchte, mit seinen Einnahmen aus Gerichtsverhandlungen, Hochzeiten und Ehescheidungen auszukommen. Doch unsere Lage wurde immer schlimmer, da auch die Schüler, die er jetzt unterrichtete, nie lange dablieben. Mutter reiste nach Bilgoraj, um ihren Vater um Hilfe zu bitten. Sie blieb mehrere Wochen dort.
Zu Hause herrschte ein wildes Chaos. Es gab keine warmen Mahlzeiten mehr, und niemand paßte auf mich auf. Meine Schwester, Hinde Esther, hatte den Sohn eines Warschauer Chassiden geheiratet und war mit ihm nach Antwerpen gezogen. Ich aber lernte plötzlich wie besessen. Auf einmal konnte ich ohne jede Hilfe eine Seite des Talmud »lesen« und sogar einen Kommentar dazu verstehen. Ich beschäftigte mich mit Maimonides' *Die starke Hand* und anderen Büchern, die ich bis dahin nicht verstanden hatte. Eines Tages fand ich im Bücherschrank meines Vaters ein kabbalistisches Werk des Reb Baruch ben Abraham aus Kosow. Obwohl mir vieles darin unbegreiflich blieb, verstand ich doch ein wenig. Ein Teil meines Gehirns, der bisher verschlossen gewesen war, schien sich plötzlich zu öffnen. Zum erstenmal erfuhr ich, wie beglückend Lernen sein kann...

Im Cheder

Die Starken

Der Cheder wird oft als ein Ort beschrieben, an dem unschuldige Kinder unter einem schlampigen und schlechtgelaunten Lehrer zu leiden hatten. Das stimmte nicht. Der Cheder krankte an dem, woran auch die Gesellschaft krankte.

Bei uns gab es einen Jungen, der ständig mit geballten Fäusten herumlief und nur auf die Gelegenheit wartete, andere Jungen zu verprügeln. Er war immer von Helfern und Helfershelfern umgeben.

Ein anderer Junge, der lieber keine Gewalt anwenden wollte, spielte den kleinen Heiligen. Er lächelte jeden an, war stets bereit, anderen einen Gefallen zu tun, und das alles mit einer Miene, die von grenzenloser Liebe zeugte. Auf diese sanfte Tour versuchte er, sich Vorteile zu verschaffen, für nichts die schönsten Dinge genießen zu können. Obwohl er doch so fromm war, verhielt er sich gegenüber dem Prügelnden wie ein Freund und täuschte gleichzeitig Mitleid mit dessen Opfern vor. Wenn sein Freund jemandem die Nase blutig geschlagen hatte, lief er mit einem Taschentuch in der Hand zu dem Opfer, während er den anderen sanft tadelte: »Das hättest du nicht tun sollen…«

Dann gab es einen Jungen, der sich nur fürs Geschäftemachen interessierte. Er tauschte einen Knopf gegen einen Nagel, Glaserkitt gegen einen Bleistift, einen Bonbon gegen ein Brötchen. Angeblich setzte er bei seinen Tauschgeschäften immer zu, aber am Ende blieb er stets der Gewinner. Da er Geld gegen Zinsen lieh, hatte der halbe Cheder Schulden bei ihm. Er und der Rowdy hatten ein Übereinkommen: Jedem, der seine Zinsen nicht zahlte, wurde der Hut vom Kopf gerissen.

Wir hatten auch einen Aufschneider, der behauptete, seine Familie sei reich und berühmt, und die vornehme Warschauer Gesellschaft verkehre bei ihnen. Er versprach, uns Datteln, Feigen, Johannisbrot und Orangen von erfundenen Hochzeiten, Beschneidungsfesten und von einer Sommerreise mitzubringen, und verlangte als Gegenleistung im voraus Geschenke von uns.
Dann war da das Opfer. An einem Tag wurde er so verprügelt, daß er sogar blutete, am nächsten machte er demjenigen, der ihn geschlagen hatte, ein Geschenk und wies dabei schlau und voller Unterwürfigkeit auf einen anderen Jungen hin, dem eine Tracht Prügel guttäte.
Von meinem Platz im Cheder sah ich das alles. Und obwohl auch ich Faustschläge hatte einstecken müssen, machte ich dem, der sie ausgeteilt hatte, keine Geschenke, lächelte ihn nicht an. Ich nannte ihn einen Esau und prophezeite ihm, daß er im Jenseits seine Tage auf einem Nagelbrett werde zubringen müssen. Dafür schlug er mich wieder, aber ich gab nicht nach. Ich wollte weder mit ihm noch mit dem selbstgefälligen Heiligen, noch mit dem Geldverleiher oder dem Aufschneider etwas zu tun haben, und ich wollte mir ihre Gunst auch nicht kaufen. Ich schnitt dabei nicht sehr gut ab. Ich hatte viele Feinde unter den Jungen im Cheder. Sie schwärzten mich bei dem Lehrer und dem Hilfslehrer an. Wenn sie mich auf der Straße erwischten, würden sie mich zusammenschlagen, sagten sie. Mir wurde klar, in welcher Gefahr ich schwebte. Ich war noch zu klein, um es mit dem ganzen Cheder aufzunehmen.
Der Weg zum Cheder wurde jeden Morgen zur Qual. Ich konnte meinen Eltern nichts sagen. Sie hatten ihre eigenen Sorgen. Außerdem würden sie wahrscheinlich sagen: »Das hast du nun davon, wenn du anders sein willst als die anderen...«
Es blieb mir nichts anderes übrig, als abzuwarten. Sogar dem Teufel wird es irgendwann langweilig. Wenn Gott Wahrheit und Gerechtigkeit wollte, mußte Er doch auf meiner Seite sein. Es kam der Tag, an dem ich dachte, es gehe nicht mehr so wei-

ter. Sogar der Lehrer war in dieser vergifteten Atmosphäre gegen mich, obwohl ich meinen Pentateuch kannte. Die Rebezen redete schlecht über mich. Es war, als hätte man mich für immer aus der Gemeinschaft der Glaubensgenossen ausgeschlossen.

Dann änderte sich mit einemmal alles schlagartig. Der Rowdy unterschätzte einen Neuen, der einfach zurückschlug. Der Lehrer selbst knöpfte sich ihn vor. Er, der ohnehin schon eine Beule am Kopf hatte, wurde zur Prügelbank gezerrt, man zog ihm die Hosen herunter, und er bekam vor unser aller Augen eine Tracht Prügel. Wie Haman wurde er bestraft. Als er versuchte, seine Schreckensherrschaft wieder aufzunehmen, ließ man ihn zugunsten des Neuen fallen.

Auch der Geldverleiher erlitt eine Niederlage. Der Vater eines Jungen, der zuviel Zinsen hatte zahlen müssen, erschien im Cheder, um sich zu beschweren. Man untersuchte die Taschen des Jungen – mit Erfolg, so daß auch er öffentlich eine Tracht Prügel bekam.

Schließlich durchschaute man auch den kleinen Scheinheiligen – trotz seiner Duckmäuserei und Anbiederei.

Die Jungen begannen wieder, mit mir zu sprechen – als ob meine Gebete erhört worden seien. Alle, die sich ringsum nur anbiederten oder nur Geschäfte machen wollten, boten mir ihre Freundschaft und gute Geschäfte an – ich weiß nicht warum. Ich hätte sogar einen eigenen Freundeskreis gründen können, aber dazu hatte ich keine Lust. Es gab nur einen Jungen, der mich interessierte, und mit ihm freundete ich mich auch an. Mendel war ein feiner, anständiger Junge ohne gesellschaftlichen Ehrgeiz. Wir saßen zusammen über demselben Pentateuch und gingen, jeder den Arm auf der Schulter des anderen, miteinander spazieren. Alle waren eifersüchtig und intrigierten gegen uns, aber das konnte unserer Freundschaft nichts anhaben. Wir waren wie David und Jonathan...

Auch als ich den Cheder verließ, dauerte unsere Freundschaft weiter. Ich habe mehrere Cheder besucht, und von jedem blieb mir ein Freund. Manchmal trafen wir uns abends in der Nähe der Märkte, gingen auf und ab, redeten miteinander und machten Pläne. Meine Freunde hießen Mendel Besser, Mottel Horowitz, Abraham (seinen Nachnamen weiß ich nicht mehr), Baruch-David und andere. Ich war mehr oder weniger ihr Anführer und erzählte ihnen Dinge, die mein älterer Bruder meiner Mutter erzählt hatte. Wir alle vertrauten einander, aber eines Tages spürte ich, daß sie etwas gegen mich hatten. Sie nörgelten an mir herum: Ich sei zu herrisch, ich müsse herunter von meinem hohen Roß. Ich sah es ihnen an, daß sie gegen mich rebellieren wollten. Und obwohl ich sie fragte, wodurch ich sie verletzt hätte, waren sie wie Josefs Brüder, nicht bereit, mir wie Freunde zu antworten. Sie sahen mir nicht einmal gerade in die Augen. Worum beneideten sie mich? Um meine Träume...? Wenn ich auf sie zuging, hörte ich sie sogar sagen: »Vorsicht, da kommt der Träumer... Wir wollen ihn erschlagen und in eine Grube werfen... Wir wollen ihn an die Ismaeliten verkaufen...«

Es tut weh, wenn Brüder plötzlich eifersüchtig auf einen sind. Sie waren gut zu mir gewesen, sie hatten mich bestätigt, und dann wurden sie plötzlich gemein. Aus heiterem Himmel wurden sie böse, wandten sich ab, wenn ich zu ihnen trat, flüsterten miteinander...

Für mich ist eine Freundschaft nichts Zufälliges. Ich finde nicht leicht neue Freunde. Ich fragte mich, ob ich sie hintergangen, sie ungerecht behandelt hätte. Aber wenn dem so war, warum sagten sie mir nicht, was ich falsch gemacht hatte?

Ich konnte mich nicht daran erinnern, sie irgendwie verletzt oder schlecht über sie geredet zu haben. Und wenn jemand mich verleumdet hatte – warum sollten meine Freunde ihm glauben? Sie waren doch meine Freunde.

Ich konnte nichts tun, ich mußte abwarten. Ich mußte mich an die Einsamkeit gewöhnen. Und wenn man allein ist, kann man nichts anderes tun als lernen. Ich wurde ein fleißiger Schüler. Ganze Tage verbrachte ich im Radzyminer Lehrhaus und brütete auch zu Hause noch über religiösen Werken. Ich lieh mir Bücher, kaufte mir welche von Hausierern und las ununterbrochen. Es war Sommer, und die Tage waren lang. Einmal las ich eine Geschichte von drei Brüdern, und plötzlich bildete ich mir ein, ich könne auch so etwas schreiben. Ich begann, die beiden Seiten eines Blattes vollzuschreiben. »Es war einmal ein König, der hatte drei Söhne. Einer war klug, einer war dumm und einer fröhlich...« Aber aus irgendeinem Grund wurde nichts Rechtes aus der Geschichte.

Auf ein anderes Blatt zeichnete ich verkrüppelte Menschen und phantastische Tiere. Aber auch dazu hatte ich bald keine Lust mehr. Ich trat auf den Balkon und blickte hinunter auf die Straße. Nur ich war allein. Andere Jungen liefen zusammen durch die Straßen, spielten und redeten miteinander. Ich dachte, ich würde wahnsinnig – so viele Dinge gingen mir zur gleichen Zeit im Kopf herum. Sollte ich vom Balkon springen? Oder hinunterspucken, dem Hausmeister auf die Mütze?

An diesem Abend sprach mich im Radzyminer Lehrhaus ein Junge an. Er kam als Vermittler zu mir. Vorsichtig erklärte er, daß meine Freunde sich gern mit mir versöhnen würden, ich aber den ersten Schritt tun müsse, da ich in der Minderheit sei. Mit anderen Worten, ich sollte ein Friedensangebot machen. Ich war wütend. »Ich habe nicht damit angefangen«, sagte ich. »Warum soll ich jetzt den ersten Schritt tun?«

»Du wirst es bedauern«, sagte er.

»Laßt mich in Ruhe!« erwiderte ich.

Ärgerlich verließ er mich. Er hatte als Friedensstifter versagt, aber er merkte, daß es mir ernst war.

Nun wußte ich zwar, daß meine Freunde ein schlechtes Gewissen hatten. Trotzdem war ich nicht bereit nachzugeben.

Ich gewöhnte mich an das Alleinsein, und die Tage kamen mir nicht mehr so endlos vor. Ich lernte, schrieb und las Geschichten. Mein Bruder hatte ein zweibändiges Werk mit nach Hause gebracht, das *Schuld und Sühne* hieß. Obwohl ich es nicht richtig verstand, war ich von dem Buch gefesselt. In der Abgeschlossenheit des Schlafzimmers las ich viele Stunden. Ein Student, der eine alte Frau getötet hat, leidet, hungert, denkt nach. Er steht vor Gericht, wird vom Staatsanwalt verhört... Das las sich ähnlich wie in den Märchenbüchern, und doch war es anders. Das Fremde daran, das beinah Erhabene erinnerte mich an die Kabbala. Wer schrieb solche Bücher, und wer konnte sie verstehen? Hier und da leuchtete mir eine Stelle ein, ich verstand eine Episode oder eine neue, schöne Vorstellung nahm mich völlig gefangen.

Ich lebte in einer anderen Welt. Ich vergaß meine Freunde. Beim Abendgottesdienst im Radzyminer Lehrhaus nahm ich die Männer um mich herum gar nicht wahr. Ich war mit meinen Gedanken ganz woanders. Plötzlich trat der Vermittler auf mich zu.

»Was du auch sagst, es interessiert mich nicht«, sagte ich.

»Ich habe einen Brief für dich«, erklärte er mir.

Es war wie in einem Roman. Meine Freunde schrieben, daß sie mich vermißten. »Wir gehen wie benommen umher...« Ich kann mich noch genau an die Worte erinnern. Aber ich lebte so in meinem Buch, daß mir trotz dieses großen Triumphs ihre versöhnliche Geste kaum noch wichtig erschien. Ich ging hinaus auf den Hof, und sie waren alle da. Wieder dachte ich an Josef und seine Brüder. Sie waren zu Josef gekommen, um Korn zu kaufen, aber warum kamen meine Freunde zu mir?

Jedenfalls waren sie gekommen, verlegen und ein wenig ängstlich – Simon, Levi, Juda... Da ich nicht Herrscher Ägyptens geworden war, brauchten sie sich vor mir nicht bis auf die Erde zu verneigen. Außer neuen Träumen hatte ich nichts zu verkaufen.

Wir redeten bis in die Nacht hinein, und ich erzählte ihnen von meinem Buch. »Das ist kein Märchenbuch, das ist Literatur...«, sagte ich. Ich lieferte ihnen eine phantastische Mischung aus Szenen, die in dem Buch vorkamen, und Gedanken, die von mir stammten, und steckte sie so mit meiner Begeisterung an. Stunden vergingen. Sie baten mich um Verzeihung,

gaben zu, daß sie im Unrecht gewesen seien, und versprachen, nie wieder böse zu mir zu sein.
Sie hielten Wort.
Nur die Zeit konnte uns trennen. Alles übrige besorgten die deutschen Mörder.

Ein Talmud-Schüler

Reb Itschele und Schprintza

Wie kam ein frommer Jude am Sabbat, an dem es verboten ist zu kochen, zu einem heißen Tee? In kleinen Orten stellte man eine Schüssel mit heißem Wasser zusammen mit dem Sabbatmahl in den Backofen, und in der Stadt hielt man in Teestuben Wasser in einem großen Kessel auf dem Herd heiß. Der Herd wurde freitags vor Sonnenuntergang angezündet. So blieb das Wasser den ganzen Sabbat über heiß.

Junge Männer und junge Mädchen lächelten einander zu und unterhielten sich, während sie in den Teestuben ihren Tee tranken. Kinder kamen mit Teekesseln, um heißes Wasser auf Kredit zu kaufen, weil es verboten ist, am Sabbat Geld bei sich zu tragen.

Am Sabbat schickte mich mein Vater nach dem Mittagsmahl immer zum Heißwasserkaufen in Itscheles Lebensmittelgeschäft. Itscheles Laden war Laden, Wohnung und Teestube in einem und lag in der Krochmalna Nr. 15. Seine Frau, Schprintza, eine große, ruhelose und unordentliche Frau, die sich ständig über irgend etwas aufregte, war bekannt für ihr gutes Herz. Sie mußte hart arbeiten, um ihre große Familie ernähren zu können. Einer ihrer Söhne, Noah, hatte mit mir zusammen den Cheder besucht.

Schprintza machte alles: Sie ging schwanger, brachte Kinder zur Welt, arbeitete im Laden, füllte das Lager auf, legte saure Gurken ein, machte Sauerkraut, kümmerte sich um den Sabbatkessel und fand sogar noch Zeit, Gutes zu tun.

Sie war dauernd in Betrieb. Während sie eine Kundin im Auge behielt, die mit der Hand in der Salzlake herumpanschte und versuchte, einen Hering vom Boden des Fasses herauszufi-

schen, paßte sie gleichzeitig auf die Jungen auf, die nur zu gern mit den in Säcken aufbewahrten Bohnen spielten.
Ständig mußte Schprintza besonders wählerische Kunden zurechtweisen, die so taten, als ob die Waren in dem Laden ihnen gehörten. Sie hatte eine zerrissene, fleckige Schürze umgebunden und schlurfte in abgetragenen Schuhen herum. Ihre Hände waren groß und kräftig wie Männerhände, ihre Matronenperücke immer zerzaust.
Ein Fremder, der in einen Laden mit einer solchen Inhaberin kam, hätte sie sicher für eine primitive Person gehalten. Aber Schprintza war gebildet und tugendhaft. Sie stellte ihr Leben in den Dienst der höchsten aller Aufgaben: für ihre Familie zu sorgen und – soweit die Umstände das gestatteten – sich jüdischem Brauchtum und dem Studium der Thora zu widmen.
Ihr Mann, Reb Itschele, war angeblich Kaufmann, aber er verbrachte seine Tage mit Beten und damit, an bestimmten Tagen das Mahl für die Chassidim auszurichten, mit Diskussionen über Heilige und dem Studium der Mischna. Er war ebenso klein wie seine Frau groß war. Er kümmerte sich um chassidische Dinge, wie sie sich um den Laden kümmerte. Itschele war ein Mann, der möglichst viel zur gleichen Zeit tun wollte: Er zitierte aus dem Sohar, lauschte den Geschichten des Eunuchen Reb Meir und dachte über die Interpretation eines schwierigen Verses nach, während er für irgendeinen Armen ein paar Gulden sammelte.
Schprintza kam nie los von ihren Fässern mit sauren Gurken, ihren Säcken mit Vorräten, ihren Holzbündeln und ihren Kunden. Reb Itschele, als junger Mann rothaarig, hatte schon einen gelbgrauen Bart, als ich ihn kennenlernte. Er bewegte sich mit kurzen, raschen Schritten. Wenn er im Lehrhaus betete, verschluckte er viele Wörter, andere wiederholte er immer wieder, während er auf- und abschritt, in die Hände klatschte und die Fransen seines Gebetsmantels rasch an die Stirn hob. Seinem scharfen Ohr entging es nie, wann er an der Reihe war, Amen zu sagen. In Gottes Haus hatte er – wie zu Hause – alles im

Auge, um nie zu versäumen, an irgendwelchen frommen Handlungen teilzunehmen.
Während der Woche waren diese beiden Menschen so beschäftigt, daß es unmöglich war, mit ihm oder ihr zu sprechen. Wenn ich aber am Sabbat mit meinem Teekessel zu ihnen kam, sah alles ganz anders aus.
Die Familie lebte in einer kleinen Wohnung hinter dem Laden. Wenn ich mich recht erinnere, hatten sie nur ein einziges Zimmer, in dem auch der Herd mit dem Kessel darauf stand. Dennoch herrschte hier eine wirkliche Sabbatruhe. Sie lag über dem mit einem Tischtuch bedeckten Tisch, dem Kiddusch-Becher und dem Brotmesser mit Perlmuttgriff.
Schprintza trug eine ordentlich gekämmte Perücke und ein Sabbatkleid, das mit Ornamenten bestickt war. Reb Itschele hatte einen Satinmantel an und trug einen mit Pelz verbrämten Hut.
Die beiden hatten zwei Töchter, fromme Mädchen, fast gleichaltrig. Als ich noch ein sehr kleiner Junge war, stellten die Mädchen mir jeden Sabbat dieselbe Frage: »Wen von uns würdest du lieber zur Braut haben?«
Verlegen zeigte ich dann immer auf die Kleinere von den beiden.
»Warum sie?« fragte die Größere dann, und ich erwiderte: »Du bist zu groß.«
Meine Antwort rief jedesmal Gelächter hervor.
Aber je älter ich wurde, desto seltener wurde mir die Frage gestellt, bis man mich schließlich zu alt dafür hielt. Trotzdem vergaßen die Mädchen und ich nie unser kleines Spiel, und wenn wir uns begegneten, sahen wir uns verlegen und gleichzeitig verschmitzt an.
Wie in meiner Familie vertrug sich auch in dieser Familie Jüdisches nicht mit Weltlichem.
Reb Itscheles ältester Sohn weigerte sich, den Talmud zu studieren, wurde Handwerker und rasierte sich den Bart ab. Freitag abends, wenn die Sabbatkerzen schon angezündet waren,

sah ich, wie er im Laden des Barbiers Zeitag saß, eingeseift und rasiert wurde. Er bereitete Reb Itschele und Schprintza unsagbaren Kummer.
Am Sabbat saß er nachmittags an ihrem Tisch, mit einer modischen Mütze auf dem mit Pomade eingeriebenen Haar, in einer modischen Jacke, einem Papierkragen und einem Vorhemd aus Papier. Er hatte es eilig, das Mahl und die Tischgebete hinter sich zu bringen, damit er seine Freundin zu der neuesten Sensation, dem Kinematographen, ausführen konnte. Reb Itschele vermied es, den jungen Rebellen anzusehen, wagte es aber nicht, ihn aus dem Haus zu jagen, weil er fürchtete, die nächste Aktion seines Sohnes würde ihn und seine Frau in die Hölle bringen.
Und auch an ihrem jüngeren Sohn, Noah, meinem ehemaligen Klassenkameraden aus dem Cheder, hatten Reb Itschele und Schprintza nicht viel Freude. Noah war zwar noch ein Junge, aber auch er wollte nicht den Talmud studieren, so daß sie ihn aus der Schule nehmen mußten. Er lehnte es auch ab, Schläfenlocken zu tragen.
An einen Sabbatnachmittag kann ich mich besonders gut erinnern. Ich betrat Reb Itscheles Hinterzimmer und sagte: »Alles Gute zum Sabbat. Kann ich etwas heißes Wasser haben?«
»Warum mußt du uns erklären, daß du heißes Wasser möchtest?« fragte Reb Itschele in seinem Singsang-Tonfall. »Glaubst du, wir wüßten das nicht?«
Schprintza beeilte sich, mir beizustehen. »Was soll er denn sonst sagen?«
»Alles Gute zum Sabbat genügt.«
»Alles Gute zum Sabbat also.«
»Alles Gute zum Sabbat und ein gutes Jahr«, erwiderte Reb Itschele. »Es steht geschrieben, wenn der Messias kommt, werden alle Tage der Woche ein fortwährender Sabbat sein.«
»Wann sollen dann die Leute kochen?« fragte eine seiner Töchter.
»Wer wird schon kochen wollen? Diese Welt wird ein Paradies

sein. Die Heiligen werden an Gottes Tisch sitzen und sich am Leviathan gütlich tun, während sie Engeln lauschen, die die Geheimnisse der Thora enthüllen.«

»Eva, fülle ihm etwas Wasser ab«, befahl Schprintza.

»Warum so eilig?« fragte Reb Itschele. »Wie geht es deinem Vater?«

»Ganz gut.«

»Ein wunderbarer Mann. Ein Weiser. Hast du vor, in seine Fußstapfen zu treten?«

»Ja.«

»Was tust du nach dem Abendessen?«

»Nichts.«

»Warum studierst du nicht mit Noah zusammen den Talmud? Allein zu studieren ist gut, aber es ist noch besser, wenn man es zu zweit tut.«

»Heute nicht, Papa«, sagte Noah.

»Warum nicht?«

»Ich habe mich mit einem Freund verabredet.«

»Mit wem? Wo wollt ihr euch treffen? Es steht geschrieben, daß Gott den Juden die Thora und die Gebote gab, weil er ihnen seine Gnade erweisen wollte. Warum nimmst du Sein Geschenk nicht an? Wenn dir jemand einen Sack voller Perlen und Goldmünzen anböte, würdest du auch zu ihm sagen, er solle sie behalten, bis du von deiner Verabredung mit irgendeinem Jungen zurückkämst? Gold und Diamanten sind nur auf dieser Welt etwas wert. Wenn man stirbt, kann man nichts mitnehmen. Die Thora aber und die Gebote begleiten den Menschen über das Grab hinaus.«

»Ja, Papa, aber er wartet auf mich.«

»Was will er? Wer ist es? Was tut ihr zusammen?«

Ich wußte genau, was Noah tat. Er hatte eine Handvoll Knöpfe, die mit Kronen und Adlern verziert waren, und mit diesen Knöpfen spielte er den ganzen Sabbat über. Er strich auch um die Burschen herum, die mit Mädchen ins Kino gingen.

Er gab damit an, daß er am Sabbat schon auf dem Rücksitz von

Droschken mitgenommen worden sei. Welche Gesetze hatte Noah noch nicht verletzt? Und hier saß Reb Itschele und starrte ihn unter seinen gelben Brauen hervor mißbilligend an.
»Nu, sagtest du etwas?«
»Ein anderes Mal.«
»Gut, wenn du nicht willst ... Eva, gib dem Jungen sein heißes Wasser.«
Eva nahm mir den Teekessel ab und füllte ihn.
»Sage deinem Vater, daß am nächsten Dienstag der Todestag unseres alten Rabbi ist und daß, so Gott will, ein Gedächtnismahl stattfinden wird«, sagte Reb Itschele.
»Ich werde es ihm sagen.«
»Gehst du noch in den Cheder?«
»Nein, ich lese den Talmud jetzt allein.«
»Hast du das gehört, Noah? Welchen Teil des Talmud studierst du?«
»Die Stelle, wo es um ein an einem Feiertag gelegtes Ei geht.«
»Verstehst du das, was du liest?«
»Ja, meistens verstehe ich es. Wenn eine Stelle mir Mühe macht, schlage ich sie in Raschis Kommentar nach.«
»Und wenn du Raschis Kommentar auch nicht verstehst?«
»Dann frage ich meinen Vater.«
»Natürlich. ›Frage deinen Vater, und er wird dir antworten.‹ Aber es ist eine Generation herangewachsen, die sich weigert, den Vater zu fragen. Heutzutage wissen Väter gar nichts, nur Faulenzer sind schlau. Was wird aus einem Juden, der seine Religion aufgibt? Für die Christen bleibt er ein Fremder. Weder das Diesseits noch das Jenseits gehört ihm. Aber beeil dich – dein Wasser wird kalt.«
»Grüß deine Mutter von mir«, rief Schprintza mir nach.
Durch die halbverhängte Tür konnte ich einen Blick in den Laden werfen, wo es im Schein des Gaslichts die ganze Woche über von Kunden wimmelte, wo jetzt aber die Schatten des Sabbat und eine geheimnisvolle Stille herrschten. Alle Gegenstände schienen in ein dem Sabbat gemäßes Nachsinnen ver-

sunken, besonders jene, die man an diesem Feiertag nicht berühren durfte. Alles strahlte Frieden aus: die Zichorie- und Hefepackungen, die Säcke mit Erbsen, die Bündel mit Anmachholz. Gott ruhte am siebenten Tag, und all diese Dinge ruhten auch... Ob wirklich eine Zeit kommen würde, wo es nur einen einzigen Sabbat gäbe?

Draußen sah ich Reb Meir, den Eunuchen. Dieser Mann war ein großes Rätsel für mich: Ein Mann, der keinen Bart hatte. Was konnte seltsamer sein als ein bartloser Jude? Außerdem war er jeden Monat zwei Wochen lang nicht bei Sinnen. In diesem verwirrten Zustand murmelte er vor sich hin, lächelte und rieb sich die Hände. Wenn er bei Verstand war, gab er Weisheiten von sich, zitierte er aus der Thora, erzählte er chassidische Witze und Geschichten von Wunderrabbis.

Es war offensichtlich einer seiner gesunden Tage. Er trug einen Satinmantel und eine mit Pelz verbrämte Mütze. Bis spät am Nachmittag pflegte er im Lehrhaus zu beten. Danach ging er nach Hause.

Aber wo war er zu Hause? Wohin ging er? Er hatte keine Frau und ganz gewiß auch keine Kinder. Wer bereitete das Sabbatmahl für ihn? Wer nahm schon einen Eunuchen bei sich auf, überdies einen, der verrückt war? Irgend jemand ließ ihn bei sich wohnen, kümmerte sich um ihn, wusch seine Wäsche, machte ihm sein Bett. Irgendwo hatte eine barmherzige Frau diese Aufgaben übernommen.

»Alles Gute zum Sabbat, Reb Meir.«

»Alles Gute zum Sabbat. Habt ihr schon gegessen? Erinnere deinen Vater daran, daß in der nächsten Woche der Todestag des alten Rabbi ist und ein Gedächtnismahl stattfinden wird.«

Und Reb Meir, der Eunuch, eilte nach Hause, um den Segen über den Wein zu sprechen und die Sabbathymnen zu singen. Eunuch oder kein Eunuch, bei klarem Verstand oder nicht, ein Jude ist ein Jude.

Kohlenträger

Die Geheimnisse der Kabbala

Jeder kannte uns in der Krochmalna. Mein Freund Mendel und ich gingen dort jeden Tag stundenlang auf und ab, meine Hand auf seiner Schulter, seine Hand auf meiner. Wir waren so damit beschäftigt, uns Geschichten zu erzählen, daß wir über die Obst- und Gemüsekörbe der Marktfrauen stolperten, die uns nachriefen: »Seid ihr denn ganz und gar blind, ihr Trottel?«
Ich war etwa zehn, Mendel schon elf. Ich war dünn und blaß, hatte einen knochigen Hals, blaue Augen und feuerrotes Haar. Meine Schläfenlocken tanzten immer, als ob ein Wind wehte, mein Kaftan war nie zugeknöpft, und meine Taschen waren vollgestopft mit ausgeliehenen Märchenbüchern. Ich konnte allein eine Seite des Talmud lesen und versuchte mich immer wieder an einem Band der Kabbala aus dem Bücherschrank meines Vaters, ohne allerdings allzuviel zu verstehen. Auf die letzten Seiten dieser Bücher zeichnete ich mit Buntstiften Engel mit sechs Flügeln, Tiere mit zwei Köpfen und Augen in den Schwänzen, Dämonen mit Hörnern und Schnauzen, dem Körper von Schlangen und den Füßen von Kälbern. Abends, wenn ich auf unserem Balkon stand, starrte ich hinauf zu dem sternenübersäten Himmel und dachte darüber nach, was da gewesen sein mochte, bevor die Welt erschaffen wurde. Zu Hause sagten alle, aus mir würde ein verrückter Philosoph werden, wie jener Professor in Deutschland, der jahrelang gegrübelt und philosophiert habe, bis er zu dem Schluß gekommen sei, daß der Mensch sich mit dem Kopf nach unten und den Füßen nach oben bewegen müßte.
Mein Freund Mendel war der Sohn eines Kohlenträgers. Alle paar Wochen brachte sein Vater uns einen riesigen Korb Koh-

len für unsere Öfen, und meine Mutter gab ihm eine Kopeke. Mendel war größer als ich, dunkelhäutig wie ein Zigeuner. Sein Haar war so schwarz, daß es einen bläulichen Schimmer hatte. Er hatte eine kurze Nase, ein Grübchen im Kinn und Schlitzaugen wie ein Tatar. Er trug einen abgerissenen Kaftan und zerschlissene Stiefel. Seine Familie lebte in einem einzigen Zimmer in der Krochmalna Nr. 13. Seine Mutter, die auf einem Auge blind war, handelte auf einem Stand am Rande des Marktes mit Töpferware.

Wir hatten beide die gleiche Leidenschaft: Geschichten zu erfinden. Wir wurden nie müde, einander zuzuhören. Als wir an einem Spätnachmittag im Sommer an Janaschs Basar vorbeikamen, blieb Mendel stehen. Er müsse mir ein Geheimnis verraten: Sein Vater sei gar kein Kohlenträger. Das sei nur eine Verkleidung. In Wirklichkeit sei er reicher als irgendein Rothschild. Seine Familie habe einen Palast im Wald und auch noch ein Schloß am Meer, voller Gold, Silber und Diamanten. Ich fragte Mendel, wie sie so reich geworden seien, und er sagte: »Schwöre bei deinem Fransengewand, daß du es niemals erzählen wirst.«

Ich schwor es.

»Laß uns einen Strohhalm zerreißen.«

Wir nahmen einen Strohhalm von der Straße auf, faßten ihn jeder an einem Ende und zerrissen ihn gemeinsam zum Zeichen unseres Bündnisses. In Mendels Tatarenaugen erschien ein verträumtes Lächeln. Er öffnete den Mund, und seine ungewöhnlich weißen Zähne schimmerten genau wie die eines Zigeuners. Er sagte: »Mein Vater ist ein Räuber.«

Ein Schauder lief mir über den Rücken. »Wen beraubt er?«

»Er gräbt Tunnel zu Banken und schleppt ihnen ihr Gold weg. Er versteckt sich im Wald und lauert Kaufleuten auf. Er trägt eine Pistole und einen Säbel. Er ist auch ein Zauberer: Er kann in Baumstämme eindringen, auch wenn niemand eine Öffnung sieht.«

»Warum muß er dann Kohlen tragen?« fragte ich.

»Damit die Polizei ihm nicht auf die Schliche kommt...«
Mendel erklärte mir, daß sein Vater nicht allein arbeite. Er sei der Anführer von zwölfhundert Dieben, die er in die ganze Welt schicke, um Leute zu berauben und die Beute zurückzubringen. Einige kaperten auf hoher See Schiffe, andere überfielen Karawanen in der Wüste. Mendel sagte, daß sein Vater neben seiner Mutter noch zwölf Konkubinen habe, gefangene Prinzessinnen. Und wenn er, Mendel, erst Bar-mizwa sei, würde er auch ein Räuber werden. Er würde eine Prinzessin von der anderen Seite des Flusses Sambation heiraten. Sie warte schon darauf, daß Mendel zu ihr in den Palast komme und mit ihr Hochzeit halte. Sie habe goldenes Haar, das ihr bis zu den Fußknöcheln reiche, und trage an den Füßen goldene Pantoffeln. Damit sie nicht weglaufe, habe Mendels Vater sie mit einer Kette an eine Säule gefesselt.
»Warum will sie weglaufen?« fragte ich.
»Weil sie sich so nach ihrer Mutter sehnt.«
Ich wußte, daß das alles Lügen waren. Ich erkannte sogar die Märchen wieder, aus denen einzelne Dinge stammten, aber trotzdem bezauberte mich Mendels Geschichte. Wir standen in der Nähe des Fischmarktes, wo Karpfen, Hechte und Döbel in Bottichen herumschwammen, die mit Wasser gefüllt waren. Es war Donnerstag, und Frauen kauften Fisch für den Sabbat. Ein blinder Bettler, der eine dunkle Brille trug und einen watteartigen grauen Bart hatte, griff in die Saiten einer Mandoline und sang dazu ein herzzerreißendes Lied vom Untergang der *Titanic*. Auf seiner Schulter hockte ein Papagei, der sich mit dem Schnabel die Federn putzte. Die Frau des Bettlers, jung und so gelenkig wie eine Tänzerin, sammelte in einem Tamburin Spenden. Über dem Stadtteil Wola ging die Sonne unter, größer als gewöhnlich und goldgelb. Über ihr hing eine riesige, schwefelgelbe Wolke, die wie ein feuriger Strom in einem Bett von glühenden Kohlen leuchtete. Ich mußte an das Höllenfeuer denken, wo die Gottlosen bestraft werden.
Obwohl wir gute Freunde waren, führten Mendel und ich

ständig einen stummen Kampf. Er beneidete mich, weil mein Vater ein Rabbi war und weil wir in einer Wohnung mit zwei Zimmern, einer Küche und einem Balkon lebten. Er versuchte immer zu beweisen, daß er stärker und klüger sei und mehr wisse als ich. Jetzt versuchte ich, mir eine Geschichte auszudenken, die genau so wunderbar war wie seine oder sie sogar übertraf. Unvermittelt sagte ich: »Ich habe auch ein Geheimnis, das ich dir noch nie verraten habe.«
Mendels Tatarenaugen waren voller Spott. »Und was ist dein Geheimnis?«
»Schwöre, daß du es niemandem verraten wirst.«
Mendel schwor mit einem falschen Lächeln und mit einem Ausdruck, als blinzele er jemand Unsichtbarem zu.
Ich sagte: »Ich verstehe die Kabbala!«
Mendels Augen verengten sich zu Schlitzen. »Du? Wie könntest du die Kabbala verstehen?«
»Mein Vater hat mich unterrichtet.«
»Ist das erlaubt – einen Jungen in der Kabbala zu unterrichten?«
»Ich bin anders als andere Jungen.«
»Soso...! Und was hast du gelernt?«
»Ich kann Tauben erschaffen. Ich kann aus der Mauer Wein fließen lassen. Ich kann ein Zauberwort sprechen und mich in die Lüfte schwingen.«
»Was noch?«
»Ich kann mit Siebenmeilenschritten gehen.«
»Was noch?«
»Ich kann mich unsichtbar machen. Und ich kann Kieselsteine in Perlen verwandeln.«
Mendel begann, an einer seiner Schläfenlocken zu drehen. Während meine Schläfenlocken zerzaust waren, sahen seine aus wie zwei zusammengezwirbelte kleine Hörner.
»Wenn das stimmt, könntest du mehr Geld haben als der reichste Mann der Welt.«
»Ja. Könnte ich auch.«

»Und warum hast du es nicht?«
»Es ist nicht erlaubt, Gebrauch von der Kabbala zu machen. Das wäre zu gefährlich. Es gibt einen Zauberspruch. Wenn man den ausspricht, wird der Himmel rot wie Feuer, das Meer beginnt zu wogen, und die Wellen werden immer höher, bis sie die Wolken berühren. Alle Tiere ertrinken, alle Gebäude stürzen ein, ein Abgrund tut sich auf, und die ganze Welt wird so schwarz wie die tiefste Nacht.«
»Wie lautet der Zauberspruch?«
»Willst du, daß ich die Welt untergehen lasse?«
»Nnn... nein.«
»Wenn ich älter bin, wird mir der Prophet Elias erlauben, ins Heilige Land zu fliegen. Dort werde ich in einer Ruine leben und den Messias bringen.«
Mendel senkte den Kopf. Er hob ein Stück Papier vom Gehweg auf und begann, es zu einem Vogel zusammenzufalten. Ich wartete darauf, daß er mir noch viele Fragen stellte, aber er schwieg beharrlich. Auf einmal begriff ich, daß ich zu weit gegangen war. Es war Mendels Schuld. Er hatte mich dazu getrieben, mich selber zu groß zu machen. Meine eigenen Worte hatten mich erschreckt. Man darf mit der Kabbala keine Scherze treiben. Schreckliche Träume können einen im Schlaf heimsuchen. Ich sagte: »Mendel, ich möchte nach Hause gehen.«
»Gut, gehen wir.«
Wir gingen auf das Tor zu, das zur Mirowski führte, aber wir hatten einander nicht mehr die Arme auf die Schultern gelegt, sondern zwischen uns war ein kleiner Abstand. Unser Gespräch hatte uns nicht näher gebracht. Es hatte uns vielmehr getrennt. Aber warum? Ich sah plötzlich, wie zerlumpt Mendels Kleidung war. Sein linker Stiefel klaffte vorn wie ein Maul, und die Nägel ragten wie Zähne daraus hervor. Wir traten hinaus auf die Mirowski. Überall Pferdemist, Stroh, das aus den Fuhrwerken der Bauern gefallen war, und verfaultes Obst, das die Händler fortgeworfen hatten. Zwischen den beiden städti-

schen Märkten stand ein Gebäude, in dem Eis hergestellt wurde. Obwohl es draußen noch hell war, brannten drinnen die elektrischen Lampen. Räder drehten sich mit rasender Geschwindigkeit, lederne Förderbänder liefen, Signale leuchteten auf und erloschen wieder. Es war kein einziger Mensch zu sehen. Unheimliche Geräusche drangen von dort drinnen zu uns. Unter unseren Füßen konnten wir durch Gitter in Keller sehen, in denen sich in großen Behältern Wasser zu Eis verwandelte. Eine ganze Weile standen Mendel und ich da und gafften, dann gingen wir weiter. Ich fragte plötzlich: »Wer bringt ihr etwas zu essen?«
Mendel schien wie aus tiefem Schlaf zu erwachen. »Wovon redest du?«
»Ich meine das Mädchen mit den goldenen Pantoffeln.«
»Es gibt dort Dienerinnen.«
Nicht weit vom zweiten Markt entfernt sah ich zwei Münzen, zwei kupferne Sechs-Groschenstücke, nebeneinander auf dem Gehweg liegen, als ob sie jemand dort hingelegt hätte. Ich bückte mich und hob sie auf. Mendel, der sie auch sah, rief: »Partner!«
Ich gab ihm sofort eine der Münzen, obwohl ich gleichzeitig dachte, wenn er sie aufgehoben hätte, gäbe er mir keine ab. Mendel betrachtete die Münze von allen Seiten und sagte dann: »Was willst du mit sechs Groschen, wenn du Kieselsteine in Perlen verwandeln kannst?«
Ich hätte ihn gern gefragt: Und wenn dein Vater ein so reicher Räuber ist, was willst *du* dann mit sechs Groschen? Aber irgend etwas hielt mich zurück. Ich sah plötzlich, wie fahl seine Haut war und wie weit seine Backenknochen vorstanden. Etwas in diesem Gesicht sprach zu mir, aber ich konnte es nicht greifen. Seine Ohrläppchen waren angewachsen, und seine Nasenflügel hoben und senkten sich wie bei einem Pferd. Er verzog neidisch die Mundwinkel, und seine dunklen Augen verachteten mich. Er fragte: »Was willst du dir für dein Geld kaufen? Süßigkeiten?«

»Ich werde es für einen wohltätigen Zweck spenden«, antwortete ich.
»Dort – dort ist ein armer Mann.«
Mitten auf dem Gehweg saß auf einem Brett mit Rädern ein halber Mann. Er sah aus, als ob er in der Mitte durchgesägt worden wäre. Mit beiden Händen hielt er mit Stoff gepolsterte Holzstücke, auf die er sich stützte. Er trug einen Augenschirm und hatte eine zerrissene Jacke an. Um seinen Hals hing ein Becher für Almosen. Ich wußte sehr genau, was man für sechs Groschen kaufen konnte – Buntstifte, Märchenbücher, türkischen Honig –, aber ein innerer Stolz befahl mir, nicht zu zögern. Ich streckte den Arm aus und warf die Münze in den Becher. Als ob der Krüppel befürchtete, ich könne meine Meinung ändern und die Münze zurückhaben wollen, rollte er rasch fort, wobei er beinahe jemanden umwarf.
Mendel zog die Augenbrauen zusammen. »Wann studierst du die Kabbala? Nachts?«
»Nach Mitternacht.«
»Was geschieht also im Himmelreich?«
Ich hob die Augen zum Himmel. Er war rot. Schwarze und blaue Streifen liefen quer darüber hin, als ob ein Sturm aufkomme. Zwei Vögel flatterten hoch, kreischend und einander rufend. Der Mond war aufgegangen. Noch vor einer Minute war es Tag gewesen. Nun war es Nacht geworden. Die Frauen an den Ständen räumten ihre Ware zusammen. Ein Mann mit einem langen Stock ging von Laternenpfahl zu Laternenpfahl und zündete die Gasflammen an. Ich hätte Mendels Frage gern beantwortet, aber mir fiel nichts ein. Ich schämte mich dessen, was ich alles behauptet hatte, als sei ich plötzlich ein Erwachsener. Ich sagte: »Mendel, genug mit diesen Lügen.«
»Was hast du denn plötzlich?«
»Ich studiere die Kabbala nicht, und dein Vater ist kein Räuber.«
Mendel blieb stehen. »Warum bist du so wütend? Weil du deine sechs Groschen verschenkt hast?«

»Ich bin nicht wütend. Wenn man einen Palast im Wald hat, schleppt man nicht den ganzen Tag lang Kohlen für Chajm Lejb. Und du hast auch kein Mädchen mit goldenen Pantoffeln. Es ist alles ein Märchen.«
»Du willst also mit mir streiten? Denk bloß nicht, ich rede dir nach dem Mund, nur weil dein Vater ein Rabbi ist. Vielleicht habe ich gelogen, aber du wirst die Wahrheit nie erfahren.«
»Was gibt es da zu erfahren? Du hast das alles erfunden.«
»Eines Tages werde ich ein Bandit, ein richtiger Bandit.«
»Dann wirst du in der Hölle braten.«
»Sollen sie mich braten. Ich bin verliebt!«
Ich sah ihn bestürzt an. »Du lügst schon wieder.«
»Nein, es ist die Wahrheit. Gott soll mich auf der Stelle tot umfallen lassen, wenn es nicht wahr ist.«
Ich wußte, daß Mendel einen solchen Schwur nicht für nichts und wieder nichts ablegen würde. Mir war kalt, als ob mich jemand mit eisigen Fingern berührt hätte. »In ein Mädchen?«
»Was sonst? In einen Jungen vielleicht? Sie wohnt bei uns im Haus. Wir werden uns verloben. Wir werden zu meinem Bruder nach Amerika fahren.«
»Schämst du dich nicht...?«
»Jakob war auch verliebt. Er hat Rahel geküßt. Es steht in der Bibel.«
»Schürzenjäger!«
Ich rannte davon. Mendel schrie mir etwas nach, und ich bildete mir sogar ein, er verfolge mich. Ich rannte, bis ich beim Radzyminer Lehrhaus war. In der Nähe der Tür betete Mendels Vater, ein großer, magerer Mann mit einem ausgeprägten Adamsapfel, einem gebeugten Rücken und einem Gesicht, das kohlschwarz war wie bei einem Schornsteinfeger, um seine Lenden war ein Seil geknotet. Er schwankte, beugte sich vor und schlug sich auf die Brust. Ich dachte mir, er bitte Gott wohl um Vergebung für die Lästerungen seines Sohnes.
An der Ostwand stand mein Vater. Er trug einen Kaftan aus Samt, einen breitrandigen Hut und um die Taille eine weiße

Schärpe. Er wiegte sich vor und zurück und berührte dabei mit dem Kopf die Wand. Eine einzige Kerze brannte in der Menora. Nein, ich verstand die Kabbala noch nicht. Aber ich wußte, daß alles, was heute abend mit mir geschah, von ihren Geheimnissen durchdrungen war. Ich spürte eine tiefe Traurigkeit, wie ich sie noch nie zuvor verspürt hatte. Als mein Vater aufhörte zu beten, ging ich zu ihm hinüber und sagte: »Papa, ich muß mit dir reden.«

Vater hörte, wie ernst es mir war. Er sah mich mit seinen blauen Augen an. »Was ist?«

»Papa, ich möchte, daß du mich in der Kabbala unterrichtest.«

»Das ist es also? Es ist nicht erlaubt, in deinem Alter die Kabbala zu studieren. Es steht geschrieben, daß diese Geheimnisse einem Mann nicht enthüllt werden sollen, bevor er dreißig Jahre alt ist.«

»Papa, ich möchte, daß du mich schon jetzt unterrichtest.«

Mein Vater zupfte an seinem roten Bart. »Warum hast du es so eilig? Du kannst auch ohne Kabbala ein anständiger Mann sein.«

»Papa, kann man die Welt mit einem Zauberspruch zerstören?«

»Die alten Heiligen konnten alles. Wir können nichts. Komm, laß uns nach Hause gehen.«

Wir gingen auf das Tor zu, wo Rebekka stand, die Tochter des Bäckers, mit Körben voll frischer Brötchen, Brote und Bejgel, alles noch warm vom Ofen. Frauen wühlten in den Backwaren, und man hörte die Krusten knacken. Mein Vater und ich gingen hinaus auf die Straße, auf die die Gaslaternen einen gelben Schein warfen. Ein großer, blutroter Mond hing zwischen zwei Schornsteinen, die Rauch und Funken spieen.

»Stimmt es, daß dort Menschen leben?« fragte ich.

Mein Vater schwieg eine Weile. »Wie kommst du auf solche Gedanken? Man weiß nichts darüber. Die Kabbala ist nur für starke Köpfe. Wenn schwache kleine Köpfe sich in die Kabbala versenken, können sie leicht dem Wahnsinn verfallen.«

Die Worte meines Vaters machten mir angst. Mir war, als sei ich kurz vorm Verrücktwerden.
Er sagte: »Du bist doch noch ein Junge. Wenn du, so Gott will, heranwächst, dich verheiratest, mehr begreifen kannst, dann wirst du schon herausfinden, was du tun mußt.«
»Ich werde nicht heiraten.«
»Sondern? Ein Junggeselle bleiben? Es steht geschrieben: ›Er schuf die Erde nicht vergebens. Er formte sie, damit sie bewohnt werde.‹ Du wirst heranwachsen, man wird ein passendes Mädchen für dich finden, und ihr werdet euch verloben.«
»Was für ein Mädchen?«
»Wer kann das vorher wissen?«
In diesem Augenblick wurde mir klar, warum ich so traurig war. Die Straße war voller Mädchen, aber ich wußte nicht, welches meine Braut sein würde. Und sie, die für mich bestimmt war, wußte es auch nicht. Es war möglich, daß wir beide im selben Laden Süßigkeiten kauften, daß wir aneinander vorbeigingen, einander ansahen und doch nicht wußten, daß wir Mann und Frau sein würden. Ich sah mich um. Die Straße war voller Mädchen, die so alt waren wie ich, einige jünger, einige älter. Ein Mädchen leckte im Gehen an einer Eiswaffel. Ein anderes knabberte vor Esthers Süßwarengeschäft an einem Stück Käsekuchen, das sie zwischen Daumen und Mittelfinger hielt, wobei sie den kleinen Finger elegant wegspreizte. Ein Mädchen, mit Büchern und Heften unter dem Arm, roten Schleifen an den Zöpfen, einem Faltenrock und einer schwarzen Schürze, hatte schwarzbestrumpfte Beine, die aussahen wie die einer Puppe. In den Straßen duftete es nach frischen Brötchen und nach dem Wind, der von der Weichsel und dem Praga-Wald herüberwehte. Um die Straßenlaternen wirbelten Myriaden von geflügelten kleinen Kreaturen – Motten, Schmetterlinge, Mücken – und hielten, vom Lampenlicht irregeführt, die Nacht für den Tag. Ich sah an den Häusern hinauf, wo Mädchen auf Balkonen standen, aus Fenstern schauten. Sie redeten, sangen, lachten. Ich hörte die Geräusche von

Nähmaschinen, eines laufenden Grammophons. Hinter einem Fenster sah ich den dunklen Schatten eines Mädchens. Ich bildete mir ein, daß sie mich durch die Gardinen anstarrte. Ich sagte zu meinem Vater: »Papa, kann man mit Hilfe der Kabbala herausfinden, mit wem man sich verloben wird?«
Mein Vater blieb stehen. »Warum willst du das wissen? Im Himmel wissen sie es, und das genügt.«
Eine Weile gingen wir stumm nebeneinander her. Dann fragte mein Vater: »Was ist mit dir geschehen, Sohn?«
Die Laternenpfähle bogen sich, und die Lichter verschwammen, während meine Augen sich mit Tränen füllten. »Papa, ich weiß es nicht.«
»Du wirst erwachsen, mein Sohn. Das ist es, was mit dir geschieht.«
Und plötzlich tat mein Vater etwas, was er noch nie zuvor getan hatte: Er beugte sich herunter und küßte mich auf die Stirn.

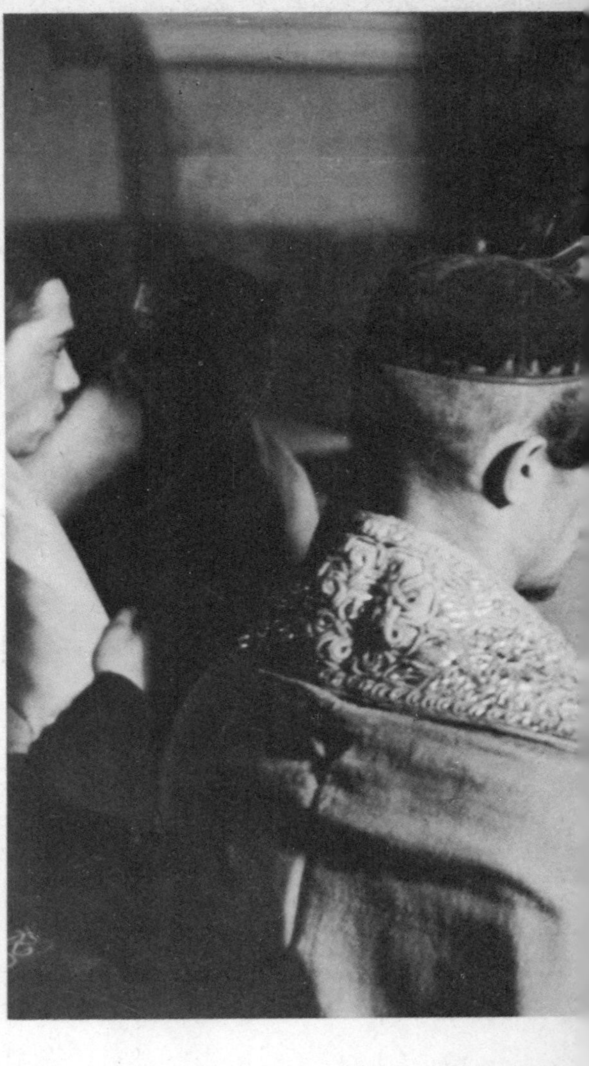

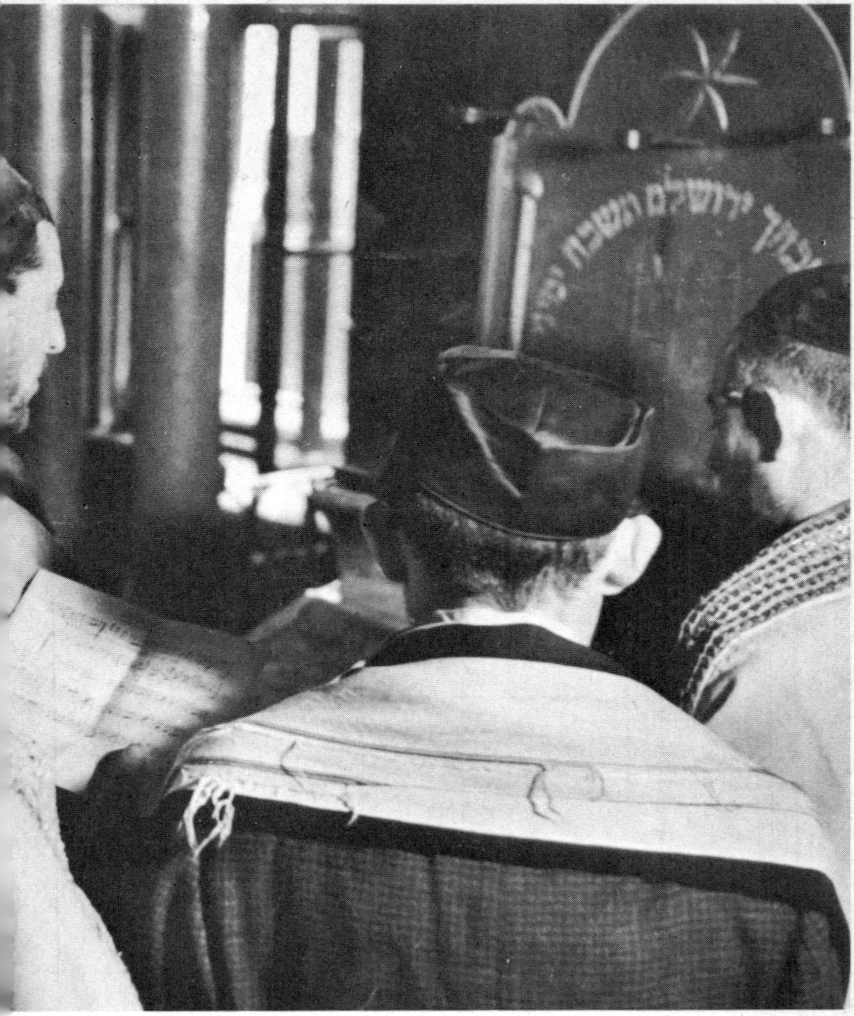

Beim Gesang in der Synagoge

Der Kaftan aus Satin

An unseren Kleidern konnte man unsere Armut ablesen. Lebensmittel waren billig, zumal wir keine großen Esser waren. Mutter kochte Suppe aus Kartoffeln, einer Mehlschwitze und angebratenen Zwiebeln. Eier aßen wir nur an Pessach. Ein Pfund Fleisch kostete zwar zwanzig Kopeken, dafür reichte es aber für einen großen Topf Brühe. Mehl, Buchweizen, Kichererbsen und Bohnen waren nicht teuer.

Aber Kleider waren teuer.

Meine Mutter trug jahrelang ein und dasselbe Kleid und schonte es so, daß es trotzdem noch wie neu aussah. Ein Paar Schuhe hielt bei ihr drei Jahre. Vaters Kaftan aus Satin war ziemlich abgetragen, aber so sahen die Kaftane und Käppchen der meisten Gemeindemitglieder des Radzyminer Lehrhauses aus. Für uns Kinder war es schlimmer. Alle drei Monate brauchte ich ein Paar neue Stiefel. Mutter warf mir vor, daß andere Kinder besser mit ihren Sachen umgingen und daß nur ich immer alles kaputtmache.

Im Radzyminer Lehrhaus trugen die Jungen am Sabbat Satin- oder Seidenkaftane, Samthüte, auf Hochglanz polierte Stiefel und Schärpen. Ich hatte einen Kaftan an, der mir zu klein war. Hin und wieder erhielt ich ein neues Kleidungsstück, doch erst wenn ich nur noch in Fetzen herumlief.

Aber einmal, kurz vor Pessach, hatten wir unerwartetes Glück. Die Zeit vor Pessach war immer eine gute Zeit für uns, weil Vater in diesen Tagen den Chamez an einen Christen – um es genau zu sagen, an unseren Hausmeister – verkaufte und dafür Provision erhielt. Zum Chamez gehören all die Dinge, die während der Pessach-Zeit nicht in einem jüdischen Haushalt sein dürfen, wie Sauerteigbrot, Mehl, Backbretter und Nudelhölzer. Eigentlich wurde alles nur zum Schein verkauft, denn unmittelbar nach Pessach kehrten die Dinge wieder zu ihren ursprünglichen Besitzern zurück.

Ich merkte erst, wie wenig wir besaßen, als ich hörte, was andere hatten und als Chamez verkaufen wollten. Sie mußten Whisky, Kirschlikör, Eingemachtes fortschaffen, wir dagegen nur ein paar Töpfe und Pfannen. Es kam manchmal vor, daß jemand einen Stall mit Pferden angab, obwohl mir nicht ganz klar ist, wie man ein Pferd als Chamez betrachten kann. Vielleicht, weil Pferde Hafer fressen. Einmal kam ein Mann zu uns, dessen Sohn mit einem Zirkus reiste. Er hielt es für notwendig, alle Tiere aus dem Zirkus als Chamez anzugeben.

Aber warum brachte gerade dieses Pessachfest uns Glück? Einmal, weil wir schon zum Purimfest, das nur vier Wochen vor Pessach liegt, viele schöne Geschenke erhalten hatten. Sehr viel wichtiger aber war, daß Jonathan, ein Schneider aus Leoncin – mein Vater war dort einmal Rabbi gewesen –, nach Warschau gezogen war. Jonathan, ein großer, schmaler Mann mit pockennarbigem Gesicht, dünnem Bart und glänzenden Augen, kleidete sich wie ein Chassid, nicht wie ein Schneider. Am Sabbat trug er einen Kaftan aus Satin. Er nahm Schnupftabak, und an Feiertagen besuchte er den Radzyminer Rabbi. Er war ein gebildeter Mann. Jetzt, da er in Warschau lebte, besuchte er meinen Vater, um mit ihm über gelehrte Dinge zu diskutieren. Als Jonathan bemerkte, wie meine Kleider aussahen, bot er an, mich auf Kredit einzukleiden. Den Stoff sollten wir bezahlen, wann es uns paßte.

Was für ein Glücksfall! Während er Maß nahm, strahlte er vor Stolz und behandelte mich, als ob ich zu seiner eigenen Familie gehörte. Er war, erfuhr ich, auch bei meiner Beschneidung dabeigewesen. Während er sich meine Maße mit Kreide notierte, sagte er zu meiner Mutter: »Wie schnell die Jahre vergehen, Rebezen.«

Jonathan hatte im Augenblick offenbar nichts anderes zu tun, denn kaum hatte er Maß genommen, bestellte er mich schon zur Anprobe zu sich. Dabei prüfte er meine Hebräisch-Kenntnisse und nutzte die Gelegenheit, mit seinen eigenen zu glänzen und mir einen gelehrten Vortrag zu halten. Obwohl er nur Schneider war, verehrte er die jüdischen Überlieferungen von ganzem Herzen und kostete jedes hebräische Wort aus. Als er geheiratet hatte, kannte er nur die erforderlichen Gebete, aber später begann er die Schriften auf jiddisch zu studieren, las mit einem Lehrer die Mischna und ließ sich von anderen dabei helfen. Obwohl man ihn deswegen in Leoncin belächelte, bewies er, daß es nie zu spät ist zum Lernen. Vater hatte zu jenen gehört, die Jonathan dabei unterstützten, ein Gelehrter zu werden, und jetzt war der Schneider Jonathan froh darüber, seine Dankbarkeit zeigen zu können.

Sein Haus war voller Leben, voller Geräusche, voller Gerüche aus der Küche. Seine drei Töchter, die mich schon als kleines Kind gekannt hatten und jetzt erlebten, daß ich wie ein Mann mit einem Kaftan aus Satin eingekleidet wurde, ließen es sich nicht nehmen, darüber ihre Bemerkungen zu machen und stritten zusammen mit ihrer Mutter über die richtige Länge meines Kaftans. Meine Mutter hatte in einem Anflug von Verschwendungssucht bei Michael, dem Schuhmacher, auch neue Stiefel für mich bestellt. Wenn ich an Pessach das Lehrhaus betrat, sollte ich von Kopf bis Fuß neu eingekleidet sein.

Bis dahin hatte ich mich nicht besonders um meine Kleidung gekümmert, doch jetzt erwachte mein Interesse, und mit jedem neuen Stück in meiner Garderobe wuchs es. Eine Näherin nähte neue Hemden für mich, und mein neuer Samthut lag in einer Schachtel im Schrank bereit. Im Geiste sah ich mich schon am Abend vor Pessach triumphierend das Lehrhaus betreten, sah die erstaunten Blicke der anderen Jungen. Bisher hatte ich wegen meiner Kleidung ihnen gegenüber immer Minderwertigkeitskomplexe gehabt, wenn ich auch besser als sie über den Zionismus und den Sozialismus Bescheid wußte, das Gewicht von Luft und den Ursprung von Kohle kannte – das alles hatte

ich von meinem Bruder Joshua und aus einem Almanach gelernt. Aber jetzt würden sie sehen, daß auch ich für den Feiertag neu eingekleidet sein konnte. Die meisten Schneider hielten nicht Wort, wenn sie etwas bis zu einem Feiertag fertigmachen sollten, aber Jonathan war anders.
Trotzdem hatte ich ein ungutes Gefühl, denn wie konnte etwas so reibungslos ablaufen, wie ich es mir vorstellte? Aber was sollte andererseits schon passieren? Warum war ich so ängstlich? Natürlich konnte Jonathan beim Bügeln den Stoff versengen, oder der Kaftan könnte sogar gestohlen werden. Aus dem Buch *Die Zuchtrute Judas* wie auch aus meiner eigenen Erfahrung wußte ich, daß die Welt der materiellen Dinge voller Tükken ist. Ich war schon zu sehr in ihre schönen Seiten verstrickt.
Aber es ging alles weiter wie geplant. Michael, der Schuhmacher, lieferte wie versprochen ein Paar Stiefel ab, die wie Lack glänzten. Der Kaftan aus Satin hing schon in unserem Schrank.
Kurz vor Pessach kamen die Leute, um ihren Chamez bei uns zu verkaufen, und ich stand hinter Vaters Stuhl und sah zu. Es ging alles ohne große Umstände vor sich. Wer etwas zu verkaufen hatte, wurde aufgefordert, den Zipfel eines Taschentuchs zu berühren, was bedeutete, daß er sich bereit erklärte, seine Sachen einem Christen zu verkaufen. Ein Kaufvertrag wurde aufgesetzt, der so begann: »Der Chamez von Reb Soundso...«, und dann wurden in einer Mischung aus Jiddisch und Hebräisch alle Gegenstände aufgeführt. Ich war davon überzeugt, daß ich das auch hätte machen können, wenn man es mir erlaubt hätte.
Die Männer schwatzten, unterschrieben und sprachen von früheren Pessachfesten. Mein Vater fragte einen Schwerhörigen, ob er Alkohol anzugeben hätte.
»Ja. Ein wenig Weizenmehl.«
Die anderen schrien ihm ins Ohr: »Alkohol! Schnaps!«
»Ach so. Warum habt ihr das nicht gleich gesagt? Natürlich habe ich Alkohol.«
Eine Witwe konnte nicht schreiben, und Vater forderte sie auf,

einfach die Feder zu berühren, aber sie wußte nicht, was er meinte. Vater wiederholte: »Nur den Federhalter berühren, eine Sekunde.«
Sie wußte nicht, was »Federhalter« bedeutete. So tüchtig sie auch an ihrem Stand auf dem Markt war – Vaters Arbeitszimmer und die vielen Männer verwirrten sie. Mutter kam herein und erklärte ihr, was sie tun mußte. Sie war erleichtert und sagte: »*Sie* zu verstehen, fällt mir nicht schwer, Rebezen...«
Und sie berührte die Feder.
Dann knotete sie ein Tuch auf und zählte mehrere Kupfermünzen auf den Tisch. »Alles Gute zum Pessachfest«, sagte sie zu Vater.
»Mögen Sie auch das nächste erleben«, sagte er.
Plötzlich liefen Tränen über ihr von Wind und Sonne gegerbtes Gesicht, und alle wurden still. Nachdem sie gegangen war, sagte Vater: »Wer weiß, wen Gott am meisten liebt? Vielleicht ist sie eine Heilige...«
Mutter kam wieder herein. Sie hatte das Feuer geschürt, um alle Reste vom Chamez zu beseitigen. Ihr Gesicht war erhitzt und schmutzig. Im Schlafzimmer hing die einfache Matze in Leintüchern an der Decke. Zwei Portionen Matze, die besonders sorgfältig gebacken worden waren und nur von den ganz Frommen gegessen werden durften, waren für Vater und Mutter beiseite gelegt. Auch Mutter genoß als Tochter eines Rabbi dieses Vorrecht, das normalerweise Männern vorbehalten war.
Alles lief nach dem üblichen Ritual ab. In der Nacht vor Pessach durchsuchte Vater, wie es traditionell üblich war, die Wohnung nach Chamez, damit er am nächsten Tag verbrannt werden konnte. Bis um neun Uhr am nächsten Morgen durfte man Chamez essen – von da an bis zum Sonnenuntergang weder Chamez noch Matze. Mutter bereitete für uns Kinder aus Kartoffelbrei, Eiern und Zucker einen unbeschreiblich köstlichen Pfannkuchen.
Bei Sonnenuntergang begann Pessach. Bis dahin war alles gutgegangen. Ich wusch mich und zog mich an: ein neues Hemd,

neue Hosen, die neuen Stiefel und den festlich schimmernden Kaftan aus Satin. Dann setzte ich den neuen Samthut auf. Ich sah wie ein Junge aus einer wohlhabenden Familie aus, als ich mit meinem Vater die Treppe hinunterging. Die Nachbarn öffneten ihre Wohnungstüren, um mich anzuschauen. Sie spuckten aus, um den bösen Blick abzuwehren, und die Mädchen, die auf den Türschwellen saßen, rieben den traditionellen bittersüßen Meerrettich und lächelten, als ich vorüberging, während ihre Augen vom Meerrettich tränten. Mädchen, so alt wie ich, mit denen ich bis vor kurzem noch Spielzeug und Murmeln geteilt hatte, musterten mich anerkennend. Wir wurden jetzt erwachsen, und sie scheuten sich, mir etwas zu sagen, aber ich sah ihnen an, daß sie sich an alles Frühere erinnerten.

Mein Vater und ich gingen zum Radzyminer Lehrhaus, stiegen die Treppen hinauf und wollten die Tür öffnen. Sie war verschlossen. Auf einem Zettel stand: »Gasleitung nicht in Ordnung. Geschlossen bis nach den Feiertagen.«

Am Pessachabend geschlossen? Das Radzyminer Lehrhaus? Das war unglaublich! Wir wußten nicht, was wir machen sollten, und standen verwirrt da. *Die Zuchtrute Judas* hatte recht behalten. Man sollte nicht abhängig werden von der Welt der materiellen Dinge. Das brachte nichts als Enttäuschungen. Nur der Dienst an Gott war wichtig, und das Studium der Thora. Alles andere zerfiel irgendwann...

Im Minsker Lehrhaus, wohin wir dann gingen, um zu beten, kannte mich niemand, und keiner kümmerte sich um meine neuen Kleider. Ich sah schließlich ein paar Jungen, die ich kannte, aber wir waren hier Fremde und standen alle dicht aneinandergedrängt in der Nähe des Ausgangs.

Es war ein harter Schlag, der mich lehrte, weltlicher Eitelkeit lieber aus dem Weg zu gehen.

Israel Joshua Singer mit etwa 20 Jahren

Ein junger Philosoph

Für meinen Bruder Israel Joshua, der sehr fortschrittliche Ansichten vertrat, war es schwierig, mit meinem Vater zu sprechen, denn Vaters einzige Antwort war: »Ungläubiger! Feind des Judentums!« Mit meiner Mutter führte mein Bruder lange Gespräche, und oft redeten sie über mich, wenn ich dabei war. »Was soll aus ihm werden?« fragte mein Bruder. »Soll er heiraten und einen Laden aufmachen oder Lehrer in einem Cheder werden? Es gibt schon viel zuviele Läden und viel zuviele Lehrer. Wenn du einen Blick aus dem Fenster wirfst, Mutter, kannst du sehen, wie Juden aussehen – gebeugt, mutlos, verdreckt. Sieh, wie sie beim Gehen die Füße nachziehen... Hör, wie sie sprechen. Es ist kein Wunder, daß man sie überall für Asiaten hält. Und wie lange, glaubst du, wird Europa diesen Ableger von Asien in seiner Mitte dulden?«

»Die Christen haben die Juden immer gehaßt«, sagte Mutter. »Selbst wenn ein Jude einen Zylinder trüge, würde man ihn hassen, weil er für die Wahrheit eintritt.«

»Welche Wahrheit? Kennt irgend jemand die Wahrheit? Jede Religion hat ihre eigenen Propheten und ihre eigenen heiligen Schriften. Hast du vom Buddhismus gehört? Buddha war wie Moses, auch er vollbrachte Wunder.«

Mutter verzog das Gesicht, als hätte sie einen bitteren Geschmack im Mund. »Wie kannst du es wagen, die beiden miteinander zu vergleichen – einen Götzendiener und den heiligen Moses? Wehe mir! Und das sagt mein eigen Fleisch und Blut!«

»Hör zu, Mutter. Buddha war kein Götzendiener, er war ein großen Denker. Er dachte wie unsere eigenen Propheten. Und was Konfuzius angeht...«

»Schluß jetzt! Nenne diese Heiden nicht in einem Atemzug mit unseren Heiligen. Buddha kam aus Indien... Ich habe das gelesen. Dort verbrennen sie Witwen und töten alte Leute, während sie Feste feiern.«

»Du meinst nicht Indien, Mutter.«

»Das ist doch egal. Sie sind alle Götzendiener. Eine Kuh ist für sie heilig. Und wenn die Chinesen zu viele Töchter haben, setzen sie sie aus. Nur wir Juden glauben an einen Gott, alle anderen beten Bäume an, Schlangen, Krokodile und was es sonst noch gibt... Sie sind alle verdorben. Noch während sie sagen: ...dem biete auch die andere Backe, ermorden sie einander und sündigen weiter. Und sie willst du mit uns vergleichen?«

»Wenn wir ein eigenes Land hätten, gäbe es auch bei uns Kriege. König David kannte auch nicht allzuviel Mitleid...«

»Sei still! Überlege, was du sagst! Möge Gott dir gnädig sein! Laß unsere Gesalbten aus dem Spiel. König David und König Salomo waren Propheten. Der Talmud sagt, man dürfe David nicht als einen Sünder betrachten...«

»Ich weiß, was der Talmud sagt. Aber was ist mit Bathseba?«

Da das der Name meiner Mutter war, hatte ich jedesmal, wenn von Bathseba die Rede war, das Gefühl, Mutter sei irgendwie auch betroffen. Mutter errötete.

»Also wirklich! Du liest zu viele dumme Bücher und redest alles nach, was in ihnen steht! König David wird ewig leben, und dieser Schund ist das Papier nicht wert, auf dem er gedruckt steht. Wer sind die Verfasser? Schwätzer!«

Solche Gespräche begeisterten mich. Ich hatte über diese Dinge schon mit meinem Bruder gesprochen. Ich wollte nicht in einem Laden stehen oder Talmud-Lehrer werden oder, wie mein Bruder sich ausdrückte, »eine schlampige Frau und einen Haufen Gören« haben. Einmal sagte er: »Er sollte Arbeiter werden.«

»Mit Gottes Hilfe wird er nicht Arbeiter, sondern Rabbi werden. Er schlägt seinem Großvater nach«, sagte Mutter.

»Ein Rabbi? Wo? Es gibt mehr als genug Rabbis. Wozu brauchen wir so viele?«

»Und wozu brauchen wir so viele Arbeiter? Einem Rabbi, wie arm er auch sein mag, geht es immer noch besser als einem Schuster.«
»Warte nur, bis die Arbeiter sich vereinigen.«
»Sie werden sich nie vereinigen. Jeder will nur dem anderen das Brot wegnehmen. Warum vereinigen die Soldaten sich nicht und weigern sich, in den Krieg zu ziehen?«
»Oh, das wird auch noch kommen.«
»Wann? Es wird so oft sinnlos getötet. Jeden Montag und jeden Donnerstag gibt es eine Krise in der Türkei. Die Welt ist voller Schlechtigkeit, das ist es. Wir werden hier nie Frieden finden – erst in der anderen Welt.«
»Du bist zu pessimistisch, Mutter.«
»Warte, meine Suppe brennt an.«
Wie oft hörte ich solche Gespräche, bei denen jeder eindrucksvoll die Argumente des anderen widerlegte! Doch wenn sie ihren Standpunkt begründen sollten, stützten sie sich auf Zitate, die leicht anzufechten waren. Ich saß dabei, sagte nichts und behielt das, was ich dachte, für mich. Die Christen waren Götzendiener, das stimmte, aber König David hatte sich wirklich versündigt. Und als Juden in ihrem eigenen Land lebten, hatten auch sie getötet. Und es stimmte, daß jede Religion ihre eigenen Propheten hatte, aber wer konnte sagen, welcher mit Gott gesprochen hatte? Diese Frage schien auch Mutter nicht beantworten zu können.
»Was möchtest du später tun?« fragte mein Bruder mich. »Was hieltest du davon, Kupferstecher zu werden und Buchstaben in Messing und Kupfer zu gravieren?«
»Das fände ich gut.«
»Oder Uhrmacher?«
»Das ist mir zu schwierig.«
»Man kann es lernen. Und Arzt?«
»Laß ihn in Ruhe. Was wissen Ärzte schon? Sie nehmen Geld und tun nichts dafür. Juden werden immer Juden sein, und sie werden immer Rabbis brauchen.«

»In Deutschland studieren die Rabbis an den Universitäten!« verkündete mein Bruder stolz.
»Ich kenne diese Reformrabbis«, sagte meine Mutter. »Sie tüfteln eine Möglichkeit aus, wie man Fleisch zusammen mit Milchgerichten essen kann, aber wie wollen sie das Rasieren rechtfertigen, wenn es gegen das Mosaische Gesetz ist? Was sind das für Rabbis, die sich über die Thora hinwegsetzen?«
»Sie benutzen zum Rasieren keine Messer, sondern eine Art Pulver.«
»Schämen sie sich, daß sie Bärte haben? Wollen sie deshalb wie Christen aussehen? Wenn ihre Rabbis schon so sind, kann ich mir vorstellen, wie ihre Glaubensgenossen sind.«
Plötzlich erschien Vater aus seinem Arbeitszimmer. »Ein für allemal Schluß mit diesen Diskussionen!« rief er. »Sagt mir – wer hat die Welt erschaffen? Das einzige, was sie sehen, ist der Körper, und sie denken, das sei wirklich alles. Der Körper ist weiter nichts als ein Werkzeug. Ohne Seele ist der Körper ein Stück Holz. Die Seelen derer, die sich vollfressen und vollsaufen, sind böse und irren in der Wüste umher, von Teufeln und Kobolden gepeinigt. Sie haben die Wahrheit zu spät erkannt. Sogar die Hölle ist ihnen verschlossen. Die Welt ist voller ruhelos umherwandernder Seelen...« sagte Vater. »Wenn eine Seele einen Körper nicht rein verläßt, muß sie zur Erde zurückkehren und weiter umherwandern als Wurm oder als Kriechtier, und das ist schrecklich...«
»Dann, Vater, ist Gott also böse.«
»Feind Israels! Gott liebt den Menschen, aber wenn der Mensch sich selbst entweiht, muß er geläutert werden.«
»Kann man von Chinesen erwarten, daß sie die Thora kennen?«
»Warum machst du dir Gedanken über die Chinesen? Denke einfach an Gott und an Seine Wunder. Wenn ich ein heiliges Buch aufschlage, sehe ich manchmal eine Milbe, kleiner als eine Nadelspitze, über die Seiten laufen. Auch sie ist ein Wunder Gottes. Können alle Professoren der Welt zusammen auch nur eine einzige Milbe erschaffen?«

»Ja, aber was beweist das?«
Nachdem Vater uns verlassen hatte und Mutter zum Einkaufen gegangen war, fragte ich meinen Bruder: »Wer hat die Milbe erschaffen?«
»Die Natur.«
»Und wer schuf die Natur?«
»Und wer schuf Gott?« gab mein Bruder zurück. »Etwas mußte aus sich selbst heraus entstehen, und aus diesem Urstoff ging später alles hervor. Aus Sonnenenergie entstanden die ersten Bakterien an den Ufern der Meere. Die Lebensbedingungen waren günstig. Diese ersten Lebewesen bekämpften einander, und nur die Stärksten überlebten. Die Bakterien bildeten Kolonien, und dann begann die Teilung der Funktionen.«
»Aber wie fing alles an?«
»So war es schon immer. Keiner weiß es. Jedes Volk hat seine eigenen Riten entwickelt. Es gab zum Beispiel einmal einen Rabbi, der sagte, man dürfe am Sabbat nicht in den Schnee pinkeln, weil es aussehe, wie wenn man pflügen würde...«
Obwohl ich später viele philosophische Werke gelesen habe, fand ich nie überzeugendere Argumente als jene, die in unserer Küche vorgebracht wurden. Dort hörte ich sogar schon merkwürdige Tatsachen, die in das Gebiet der Psychologie gehören. Nach solchen Gesprächen ging ich nach draußen, um zu spielen, aber während wir Fangen oder Verstecken spielten, ließ ich meiner Phantasie freien Lauf. Was wäre, wenn ich das Wasser fände, das weise und allwissend macht, oder wenn der Prophet Elias erschiene, um mich die Sieben Weisheiten der Welt zu lehren? Oder wenn ich ein Fernrohr fände, mit dem man direkt in den Himmel sehen könnte? Meine Gedanken, die anders waren als die Gedanken der anderen Jungen, machten mich stolz und zugleich einsam. Und immer blieben die Fragen: Was ist richtig? Was soll ich tun? Warum bleibt Gott im Siebenten Himmel so stumm? Einmal sprach mich ein Mann an. Er fragte: »Was ist eigentlich los mit dir? Warum denkst du ständig nach? Hast du Angst, der Himmel könnte über dir einstürzen?«

Leben in einem Warschauer Innenhof

Die Schüsse von Sarajevo

Lange war bei uns darüber gesprochen worden, ob wir aus unserer Wohnung in der Krochmalna 10 ausziehen sollten. Wir benutzten dort Petroleumlampen, weil wir kein Gas hatten, und das Klosetthäuschen im Hof teilten wir mit allen anderen im Haus. Das Klosetthäuschen war der Schrecken meiner Kindheit. Es war dort immer dunkel, und alles starrte vor Dreck. Überall liefen Mäuse und Ratten herum, über den Boden und oben auf dem Dach. Viele Kinder litten aus Angst vor dem Klosetthäuschen an Verstopfung und nervösen Störungen.

Im Treppenhaus war es fast ebenso schlimm, weil einige Kinder es dem Klosetthäuschen vorzogen. Zu allem Überfluß luden Frauen aus dem Haus auch noch ihren Abfall dort ab. Der Hausmeister, dessen Aufgabe es war, die Lampen im Treppenhaus anzuzünden, tat dies nur selten, und wenn er es einmal tat, wurden sie um halb elf wieder gelöscht. Die winzigen, verrußten Lampen gaben ohnehin so wenig Licht, daß die Dunkelheit um sie herum noch tiefer erschien. Wenn ich dieses düstere Treppenhaus hinaufstieg, verfolgten mich alle Teufel, bösen Geister, Dämonen und Kobolde, von denen meine Eltern immer erzählten, um zu beweisen, daß es einen Gott und ein Leben nach dem Tode gibt. Katzen rannten neben mir über die Stufen. Hinter den geschlossenen Türen hörte man oft Wehklagen um Tote. Es konnte gut sein, daß am Hoftor ein Leichenzug wartete. Wenn ich vor unserer Wohnungstür ankam, war ich völlig außer Atem. Ich begann, Angstträume zu haben, so schrecklich, daß ich schweißdurchnäßt aufwachte.

Es fiel uns schon schwer genug, die 24 Rubel Monatsmiete für eine Wohnung zur Straße und mit Balkon zu zahlen. Wie sollten wir dann erst 27 Rubel für eine Wohnung in der Krochmalna 12 aufbringen können, einem neuen Gebäude mit Gaslicht und Toiletten? Wir beschlossen jedoch, daß eine bessere Wohnung auch unser Leben verbessern könnte...

Das war im Frühjahr 1914.

Seit Jahren war in den Zeitungen die Rede von der angespannten Lage in den Balkanstaaten und der Rivalität zwischen England und Deutschland. Bei uns zu Hause aber gab es keine Zeitungen mehr. Mein Bruder Israel Joshua hatte sie immer mitgebracht, und der war nach einer Auseinandersetzung mit meinem Vater ausgezogen.

Alle rieten uns, die Wohnung zu mieten. Der Besitzer des Hauses Nr. 12, Lejser Przepiorko, Millionär und orthodoxer Jude, war zwar als Geizhals bekannt, aber er hatte noch nie einen Juden auf die Straße gesetzt. Der Hausverwalter, Reb Jesaja, war ein alter Chassid aus Kotzk, ein Freund meines Vaters. Da Nr. 12 auch ein Tor zur Mirowski hatte, wo die Märkte waren, würde Vater für beide Straßen Rabbi sein, für die Krochmalna und für die Mirowski. Es waren zu dieser Zeit viele Gerichtsverhandlungen, Eheschließungen und Scheidungen angesetzt, was einen zusätzlichen Verdienst für meinen Vater bedeutete. Wir beschlossen umzuziehen.

Unsere neue Wohnung lag im Erdgeschoß und war frisch gestrichen. Gegenüber war eine Bäckerei, durch das Küchenfenster blickte man auf eine Mauer. Es gab noch fünf oder sechs Stockwerke über uns.

Das Haus Nr. 12 war wie eine Stadt für sich. Es hatte drei riesige Höfe. Im dunklen Eingang roch es nach frischem Brot, Brötchen und Bejgel, Kümmel und Rauch. Koppel, der Bäcker, stellte immer den Hefeteig auf großen Backbrettern zum Aufgehen auf den Hof. In Nr. 12 waren auch zwei chassidische Lehrhäuser, das Radzyminer und das Minsker, und eine Synagoge für die Gegner des Chassidismus. Dann gab es einen Stall, in dem das ganze Jahr über Kühe angekettet waren. In einigen

Kellerräumen hatten Händler aus der Mirowski Obst gelagert, in anderen wurden Eier in Kalk aufbewahrt. Bauernwagen aus den umliegenden Dörfern fuhren vor. In Nr. 12 studierte man die Thora, betete man, handelte man, plagte man sich ab. Petroleumlampen kannte man hier nicht. Einige Wohnungen hatten sogar Telefon.

Der Umzug war nicht leicht gewesen, obwohl Nr. 10 und Nr. 12 aneinanderstießen. Wir mußten unsere Sachen auf ein Fuhrwerk laden, und einiges ging dabei kaputt. Unser Kleiderschrank war unglaublich schwer – er wog wohl eine Tonne –, eine wahre Festung aus Eiche mit Löwenköpfen an den Türen und einem geschnitzten Aufsatz. Wie er jemals von Radzymin nach Warschau geschafft worden war, ist mir noch heute ein Rätsel.

Ich werde nie vergessen, wie wir die zweiflammige Gaslampe zum erstenmal anzündeten. Der merkwürdig strahlende Glanz, der plötzlich unsere Wohnung erfüllte, blendete mich und machte mir angst. Er schien sogar meinen Schädel zu durchdringen. Hier würden sich so leicht keine Dämonen verstecken können.

Die Toilette war eine wahre Wonne für mich, ebenso der Gasherd in der Küche. Jetzt brauchte man nicht mehr Brennholz zu spalten oder Kohlen heraufzuholen, wenn man Tee machen wollte. Man steckte ein Streichholz an und konnte zusehen, wie die blaue Flamme sich entzündete. Ich brauchte auch keine Kanister mit Petroleum mehr aus dem Laden heraufzuschleppen, denn es gab eine Gasuhr, in die man ein Vierzig-Groschenstück warf, wenn man Gas haben wollte. Ich kannte viele Leute im Haus, weil das Radzyminer Lehrhaus, in dem ich immer gebetet hatte, hier im Hof war.

Eine Zeitlang ging es uns tatsächlich besser. Vater hatte zahlreiche Gerichtsverhandlungen, und er beschloß sogar, mich wieder im Cheder anzumelden. An sich war ich zu alt für den Cheder, aber in der Twarda 22 gab es für ältere Jungen einen Cheder, in dem der Lehrer nicht mit seinen Schülern lernte,

sondern Vorlesungen hielt. Einige meiner Freunde von früher gingen auch dorthin.
In jener Zeit las ich schon weltliche Bücher und hatte angefangen, mich vom Glauben abzuwenden. Deshalb war es für mich eigentlich lächerlich, wieder in den Cheder zu gehen. Meine Freunde und ich machten uns lustig über den Lehrer, der einen gelben Bart und vorstehende Augen hatte, wie jemand vom Dorf sprach, rohe Zwiebeln aß und stinkenden Tabak aus einer langen Pfeife rauchte. Er war geschieden, und Ehevermittler kamen und flüsterten irgendwas in seine behaarten Ohren.
Plötzlich hieß es, es gäbe Krieg. Der österreichische Thronfolger sei in Serbien erschossen worden. Extrablätter, einseitig bedruckt und mit riesigen Schlagzeilen, erschienen. Wir Jungen beschlossen in unseren politischen Diskussionen, daß es besser sei, die Deutschen würden gewinnen, denn was hätten wir schon von einer Herrschaft der Russen zu erwarten? Eine deutsche Besatzung würde alle Juden in kurze Jacken stecken, und der Besuch eines Gymnasiums wäre Pflicht. Was könnte für uns schöner sein, als weltliche Schulen zu besuchen, in Uniform und mit verzierter Mütze? Gleichzeitig waren wir allerdings überzeugt davon (im Gegensatz zum deutschen Generalstab), daß es Deutschland nie mit den vereinigten Streitkräften von Rußland, Frankreich und England aufnehmen könnte. Ein Junge äußerte die Vermutung, daß es nur natürlich wäre, wenn wegen der gemeinsamen Sprache Amerika England unterstützen würde...
Mein Vater begann, Zeitung zu lesen. Neue Wörter kamen auf: Mobilmachung, Ultimatum, Neutralität. Die beteiligten Regierungen tauschten Noten aus. Der Kaiser und der Zar schrieben einander Briefe und nannten sich Nicky und Willy. Auf der Krochmalna standen die einfachen Leute, Arbeiter und Dienstmänner, in Gruppen zusammen und unterhielten sich über Politik.
Plötzlich war schon der Neunte Aw. Am selben Tag brach der Erste Weltkrieg aus.

Die Frauen gingen auf Hamsterkauf. Obwohl sie eigentlich gar nicht so viel tragen konnten, schleppten sie riesengroße Körbe, gefüllt mit Mehl, Hafergrütze, Bohnen und was man sonst noch kaufen konnte in den Läden, die die Hälfte der Zeit geschlossen waren. Zuerst weigerten sich die Ladenbesitzer, abgegriffene Geldscheine anzunehmen, dann verlangten sie Silber- und Goldmünzen anstatt des Papiergeldes. Sie fingen an, Ware zu horten, um die Preise in die Höhe zu treiben.
Die Menschen waren in Feiertagsstimmung wie beim Purimfest. Weinende Frauen liefen hinter ihren Männern her, bärtigen Juden, die im Rockaufschlag winzige weiße Nadeln trugen, das Zeichen ihrer Einberufung. Verärgert und belustigt zugleich stolzierten diese Männer dahin, während hinter ihnen Kinder Stöcke geschultert hatten und sich militärische Kommandos zuriefen.
Mein Vater kam aus dem Radzyminer Lehrhaus nach Hause gelaufen und verkündete, er habe gehört, daß der Krieg in zwei Wochen zu Ende sein werde. »Sie haben Kanonen, mit denen sie tausend Kosaken auf einmal töten können.«
»Wehe...«, rief meine Mutter. »Was soll aus der Welt nur werden?«
Vater tröstete sie: »Jedenfalls brauchen wir keine Miete mehr zu zahlen. Die Regierung hat ein Moratorium erlassen...«
Mutter aber klagte weiter: »Wer wird denn noch kommen und deinen Rat in Streitfällen haben wollen? Wovon sollen wir leben?«
Wir hatten große Sorgen. Es kam keine Post mehr von meiner Schwester, die geheiratet hatte und in Antwerpen lebte. Mein einundzwanzigjähriger Bruder, Israel Joshua, sollte sich in Tomaszow, der Heimatstadt meines Vaters, zum Militärdienst in der russischen Armee melden. Er zog es jedoch vor, unterzutauchen. Wir hatten kein Geld, um wie unsere Nachbarn Lebensmittelvorräte anzulegen. Da ich wußte, wie hungrig ich noch werden würde, hatte ich dauernd Appetit. Ich war unersättlich. Mutter jammerte jedesmal, wenn sie hochrot

im Gesicht nach Hause kam, über die Lebensmittelknappheit.
Zum erstenmal hörte ich wenig Schmeichelhaftes über die anderen Juden in unserer Straße. Jüdische Ladenbesitzer versteckten ihre Waren genauso wie die Christen, erhöhten wie sie die Preise und versuchten, am Krieg zu verdienen. Der Papierwarenhändler Mojsche, der in unserem Haus wohnte, prahlte im Lehrhaus damit, daß seine Frau für fünfhundert Rubel Lebensmittel eingekauft habe. »Gott sei Dank«, sagte er und strich sich lächelnd über den silbernen Bart, »ich habe Vorräte für ein Jahr. Ich glaube kaum, daß der Krieg länger dauern wird.«
Überall herrschte Verwirrung. Junge Männer mit blauen Karten durften weiter den Talmud studieren, die mit grünen Karten aber sahen blaß und betroffen aus und versuchten abzunehmen, um nicht eingezogen zu werden. Die Händler, die Mehl und Hafergrütze verkauften, brauchten sich nicht zu beklagen im Gegensatz zu Buchbindern, Lehrern und Schreibern, die arbeitslos geworden waren. Die Deutschen eroberten Kalisz, Bedzin und Czestochowa. Ich spürte die Last des Erwachsenwerdens und rechnete mit einer geheimnisvollen Katastrophe. Wenn wir nur weiter auf Toiletten und Gas verzichtet hätten und in Nr. 10 geblieben wären, dachte ich, wäre uns dies alles vielleicht erspart geblieben…
Vater sagte, dies sei der Krieg zwischen Gog und Magog. Und jeden Tag entdeckte er neue Zeichen dafür, daß der Messias bald kommen werde…

Unterricht im Cheder

Hunger

Nach der Besetzung Warschaus durch die Deutschen, das stellte sich bald heraus, trugen die Juden keineswegs moderne Kleidung, wurden ihre Söhne keineswegs ins Gymnasium geschickt. Juden trugen weiter ihre Kaftane, und ihre Söhne gingen weiter in den Cheder. Neu waren nur die deutschen Polizisten in ihren blauen Umhängen, und polnische und jüdische Milizsoldaten trugen jetzt Gummiknüppel, wenn sie durch die Straßen patrouillierten. Lebensmittel wurden immer knapper, die Läden immer leerer, und die Frauen, die auf Janaschs Basar und auf den Märkten mit Obst und anderen Waren handelten, hatten kaum noch etwas zu verkaufen. Jeder hatte Hunger. Neben dem russischen Geld gab es jetzt auch deutsches, und der Leitartikelschreiber der jiddischen Zeitung *Der Moment* sang nicht länger Loblieder auf die Alliierten, sondern begann, sie anzugreifen. Er prophezeite, daß die Deutschen Petersburg besetzen würden.

An hohen Feiertagen kamen die Leute wie bisher zum Gottesdienst in unsere Wohnung, aber die meisten Frauen konnten ihre Plätze nicht bezahlen. Wenn Ascher, der Milchmann, sich erhob, um zu rezitieren, begannen Männer und Frauen zu wehklagen. Die Worte »Einige werden umkommen durchs Schwert und einige durch den Hungertod, einige durch Feuer und einige durch Wasser und Fluten« waren zu einer schrecklichen Wirklichkeit geworden. Alle hatten das Gefühl, daß die Vorsehung etwas Furchtbares plane. Unser Rosch Ha-Schana-Mahl war dürftig, obwohl es heißt, daß man an einem Feiertag und besonders zu Beginn des neuen Jahres gut essen solle. Vater hatte nur selten mit Streitfällen, Eheschließungen oder

Scheidungen zu tun. Andererseits bat man ihn oft um Rat in Fragen der rituellen Speisevorschriften, aber dafür erhielt er keine Bezahlung.
In einem Punkt brachten die Deutschen uns allerdings doch Glück: Mein Bruder Joshua brauchte sich nicht mehr unter falschem Namen vor den Russen zu verstecken. Er konnte uns offen besuchen, aber jedesmal gab es Streit zwischen ihm und Vater.
Mein Bruder und seine weltlichen Bücher hatten ketzerische Gedanken in mir geweckt. Wir Juden mit unserem Glauben an einen Gott, dessen Existenz nicht zu beweisen ist, hatten weder ein Vaterland noch eigenen Grund und Boden, noch einen Beruf erlernt. Ladenbesitzer, die nichts mehr zu verkaufen hatten, streiften jetzt auf den Straßen umher.
In der Krochmalna 10 hatten wir während des Laubhüttenfestes im Hof eine Hütte mit armen Nachbarn geteilt, aber in Nr. 12, wo es allen besser ging als uns, war der Unterschied zwischen unseren und ihren Speisen sehr deutlich. Ich erinnere mich noch genau, wie Mutter mir eine Suppe reichte, in der nichts, wie es heißt, »unter der Brühe« war. Reb Jesaja, der Hausverwalter, hatte zugesehen und warf eine Brezel in die Suppe. Ich war bestürzt und gleichzeitig dankbar.
Der Krieg zeigte mir, wie überflüssig Rabbis waren, auch mein Vater. Aus allen Städten und Dörfern kamen Rabbis und andere Geistliche nach Warschau. In ihren seidenen Kaftanen wanderten sie mutlos durch die Straßen, stets auf der Suche nach einem Stückchen Brot. Tausende von Ehevermittlern, Maklern und kleinen Geschäftsleuten wußten nicht, wovon sie leben sollten. In den Lehr- und Bethäusern dösten halb verhungerte Männer über ihren Talmud-Bänden. Der Winter war kalt, und es gab kein Brennmaterial.
Im Bethaus erklärten einige Juden, daß Jakob immer irgendwo einen kleinen Knochen finden könne, wenn Esau sich vollstopfe, daß es aber Jakobs Ende bedeute, wenn Esau in den Krieg ziehe und leiden müsse. Wenn Gott sich nur Israels erbarmen

und Hilfe schicken würde! Aber offensichtlich dachte der Himmel zu jener Zeit nicht an die Juden.
Ich möchte von Josef Mattes erzählen, der sich religiösen Fragen widmete, während seine Frau Gänse verkaufte. Schon vor der Besetzung durch die Deutschen war der Preis für eine Gans auf fünfundzwanzig Rubel angestiegen. Wer in der Krochmalna konnte sich solch einen Luxus schon leisten? Josef Mattes, seine Frau, seine Töchter und deren Ehemänner waren völlig verarmt. Während andere Gänsehändler Geld gespart hatten, spendete Josef Mattes alles, was er verdiente, für wohltätige Zwecke oder gab es dem Radzyminer Rabbi.
Keiner im Lehrhaus wußte, wie arm er und seine Familie wirklich waren, zumal der Krieg den Egoismus des einzelnen wachsen ließ. Männer, deren Speisekammern gefüllt waren, beteten neben jenen, die nichts hatten, aber nur selten kam es ihnen in den Sinn, diesen zu helfen. Zudem gab es gar nicht so viele Lebensmittel, daß man großzügig hätte teilen können. Die Furcht vor der Zukunft saß jedem im Nacken. Niemand glaubte mehr, daß der Krieg bald zu Ende sein werde.
Auch ich erfuhr, was es heißt, Hunger zu haben. Ich sah, wie blaß und abgemagert Josef Mattes war. Aber sein Schwiegersohn, der auch Israel Joshua hieß, war noch blasser und noch dünner. Er saß über die heiligen Bücher gebeugt, zupfte an seinem kümmerlichen Bart, seufzte und warf von Zeit zu Zeit scheue Blicke um sich. Dieser sensible junge Mann litt Qualen. Er sehnte sich danach, dem Allmächtigen zu dienen, aber Hunger peinigte ihn. Vertieft in chassidische Bücher, drehte er pausenlos an seinen Schläfenlocken. Was konnte er schon tun, fragte ich mich, dieser Schwiegersohn, der von seinem Schwiegervater lebte und jetzt am Verhungern war? Scheu und schwach, mit zu früh gebeugtem Rücken, konnte er nur studieren und beten und im *Wohllaut des Elimelech* oder in der *Heiligung des Leviten* blättern...
An einem Freitagabend schlug Josef Mattes, der mit seinem Geld chassidische Mahle ausgerichtet und den Radzyminer

Rabbi unterstützt hatte, mit der Faust auf den Tisch und brüllte: »Männer, ich habe nicht das Brot, um den Sabbat einzuleiten!«
Seine Worte zeigten, wie sich die Zeiten geändert hatten: Brot mußte beim Segensspruch den Sabbatwein ersetzen.
Einen Augenblick lang herrschte Schweigen, danach Lärm und Verwirrung. Reb Josefs Söhne verzogen sich in die Ecken, sie schämten sich. Israel Joshua wurde kreideweiß. Auch wenn an diesem Abend Brot, Fisch und Sabbatlaibe gesammelt wurden, änderte sich in Wirklichkeit nichts. Die Armen blieben arm, und es gab nur wenige, die großzügig spendeten. Ich hatte schreckliche Angst, daß es meinem Vater genauso ergehen könnte.
Wie die meisten Rabbis war auch der Radzyminer Rabbi nach Warschau gezogen, wo er Grundbesitz hatte. Man sagte, daß er wohlhabend sei, aber da Grundbesitz nichts mehr einbrachte, war das nicht sicher. Ich weiß nicht, ob er den Chassidim half oder nicht. Jedenfalls war unsere Not so groß, daß Vater die Frau des Radzyminer Rabbi aufsuchte, die sogenannte »junge Rebezen«. Sie konnte Vater kein Geld leihen, bat ihn aber, ihren Brillantring anzunehmen und ihn zu versetzen. Vater protestierte, doch die Rebezen beschwor ihn: »Bei meinem Leben und meiner Gesundheit, nehmen Sie ihn!« Gleichzeitig wies sie ihn auf eine Stelle im Talmud hin, nach der es verboten ist, Schmuck zu tragen, wenn andere am Verhungern sind.
Als Vater beschämt nach Hause kam, den Ring in einer Schachtel bei sich, verzog Mutter das Gesicht, vielleicht aus Eifersucht. Aber nachdem Vater den Ring versetzt hatte, konnten wir Mehl, Brot und Hafergrütze kaufen. Fleisch war zu teuer. Wir benutzten nun Kakaobutter, die man mit Fleisch- wie auch mit Milchspeisen zusammen essen konnte.
Am schlimmsten war damals die Kälte. Wir konnten es uns nicht leisten, die Wohnung zu heizen. Die Wasserleitung fror ein, und wir konnten die Toilette nicht benutzen. Wochenlang schmückten Eisblumen unsere Fenster, und an den Rahmen

hingen Eiszapfen. Wenn ich durstig war, brach ich mir einen Eiszapfen ab und lutschte an ihm.
Nachts war die Kälte unerträglich. Auch wenn wir uns noch so dick zudeckten, wurden wir einfach nicht warm. Der Wind pfiff durch die Wohnung und ließ mich an Kobolde denken. Ich lag zusammengekauert im Bett und träumte von Schätzen, Schwarzer Kunst und Zaubersprüchen, die meinen Eltern, Josef Mattes und allen anderen, die Not litten, helfen würden. Ich stellte mir vor, ich sei Elias, der Messias und wer weiß wer noch... Wie Josef in der Bibel füllte ich die Kornhäuser mit Getreide und öffnete sie in den sieben Jahren des Hungers. Ein Wort von mir ließ ganze Armeen zittern, und nicht nur sie, sondern auch Generale und Kaiser. Ich schenkte der Radzyminer Rebezen einen ganzen Korb voll Diamanten.
Morgens war es zu kalt zum Aufstehen. Mutter, mein Bruder Mojsche und ich standen immer erst spät am Tag auf. Nur Vater zwang sich dazu, sich anzukleiden. Das Wasser für seine Waschungen war gefroren. Er rieb die Hände an den Fensterscheiben und stellte einen Topf mit Eis auf den Herd. Er hatte gelernt, mit der Gasflamme umzugehen. Für die Gasuhr brauchten wir noch immer ein Vierzig-Groschenstück, aber Tee – wenn er auch nur aus heißem Wasser mit ein paar Teeblättern bestand – war der einzige Luxus, den Vater sich gönnte. Zucker gab es nicht, Süßstoff verabscheute er. In einen wattierten Kaftan gehüllt, trank er seinen Tee, las in seinen Büchern und schrieb mit vor Kälte steifen Fingern. In den heiligen Büchern war alles, wie es immer gewesen war. In ihnen stellten sich die uralten Fragen: Stützt sich das Lesen des *Schma* beim Morgengottesdienst auf Mosaisches oder Rabbinisches Gesetz? Muß man das ganze Gebet sprechen, wie das Mosaische Gesetz es vorschreibt, oder nur den ersten Vers? Oder den ersten Abschnitt? Nur bei seinen Büchern fühlte Vater sich wohl. Vor dem Krieg hatte ich jeden Tag mehrere kleine Schachteln Zigaretten für ihn besorgt, und er rauchte auch Pfeife. Jetzt, wo die Zigaretten so teuer waren, stopfte er seine Pfeife mit einem

billigen Tabak, der Machorka hieß. Rauchend und dünnen Tee trinkend, saß er von früh bis spät über seinen Büchern. Was gab es denn noch außer der Thora?

Mein Bruder Israel Joshua wohnte wieder bei uns. Er schlief auf einem Tisch in Vaters Arbeitszimmer, in dem es noch kälter war als draußen. Mutter suchte an Decken für ihn zusammen, was sie nur finden konnte.

Trotz der bitteren Kälte hatten wir Mäuse in der Wohnung. Sie nagten Bücher und Kleider an und sprangen nachts mit selbstmörderischem Eifer über die Möbel. Mutter besorgte eine Katze, die jedoch dem regen Treiben der Mäuse gegenüber völlig gleichgültig blieb. Ihre gelben Augen schienen zu sagen: »Laßt sie doch laufen. Wen interessiert das schon?«

Sie schien mit ihren Gedanken weit weg zu sein, ständig schlief sie, träumte. »Wer weiß?« sagte Vater. »Vielleicht war sie früher schon einmal in einer anderen Gestalt auf der Erde...«

Vater behandelte die Katze sehr höflich. War es nicht möglich, daß sie die Seele eines Heiligen hatte? Schließlich mußte ein Heiliger, der gesündigt hat, für eine Weile auf die Erde zurückkehren. Die Erde war voller wandernder Seelen, die zurückgeschickt worden waren, damit sie eine einzige Verfehlung wiedergutmachten. Wenn Vater beim Essen war, rief er die Katze zu sich. Würdevoll ließ sie es zu, daß er sie umschmeichelte, und während sie langsam und wählerisch aß, schien sie zu sagen: »Wenn ihr wüßtet, wer ich bin, würdet ihr es als Ehre betrachten, mich hier zu haben...«

Wie konnte diese Katze Mäuse fangen?

Über ein Problem reden

Die Reise

1917 wurde unsere Lage so schlimm, daß wir nicht länger in Warschau bleiben konnten. Wir hungerten. Eine Typhus-Epidemie war ausgebrochen. Mein Bruder Israel Joshua fand Arbeit bei der Jugend-Organisation Hazamir, aber von dem, was er verdiente, konnte er selber kaum leben. Er wurde zu einem »Deutschen«. Er legte die Kleidung der orthodoxen Juden ab und trug statt dessen einen steifen Hut und ein kurzes Jackett. Mein Vater, der doch ein so frommer Mann war, wurde schrecklich wütend.
Und Vater selbst wurde beim Radzyminer Rabbi Herausgeber religiöser Artikel. Aber der Rabbi zahlte nicht gern.
Es gab noch eine Hoffnung für uns: Bilgoraj, wo der Vater meiner Mutter Rabbi war. Aber Bilgoraj war unter österreichischer Besetzung, und obwohl Österreich und Deutschland Verbündete waren, kam die Post sehr unregelmäßig. Außerdem gehörte auch in Friedenszeiten das Briefeschreiben nicht gerade zu den Lieblingsbeschäftigungen unserer Verwandten in Bilgoraj. Mutter träumte, Großvater sei tot.
Man wußte, daß es in den von Österreich besetzten Dörfern mehr zu essen gab als im von den Deutschen besetzten Gebiet. Daher warteten vor dem österreichischen Konsulat in Warschau Tausende auf ein Visum. Die Schlange der Wartenden war länger als der Häuserblock selbst. Die Angehörigen einer Familie wechselten sich beim Schlangestehen ab. Unsere Familie wartete mehrere Tage, manchmal ich, manchmal meine Mutter, manchmal mein Bruder Israel Joshua. Endlich, im Juli 1917, erhielten wir unsere Visa. Meine Mutter, mein Bruder Mojsche und ich sollten nach Bilgoraj fahren, mein Vater

würde später nachkommen. Israel Joshua hatte andere Pläne. Er war mit einem Mädchen aus Warschau befreundet und wohnte oft tagelang bei ihrer Familie. Er hatte angefangen, Artikel und Geschichten in den jiddischen Zeitungen von Warschau zu veröffentlichen. Bilgoraj, ein abgelegenes, von Wäldern umgebenes Dorf, war nichts für ihn.

Jetzt ging es uns besser. Ich verabschiedete mich von meinen Freunden und war reisefertig, aber meine Schuhe waren in so schlechtem Zustand, daß ich sie noch bei dem Schuster in unserem Hof besohlen lassen mußte.

Es war ein schöner Tag, aber auf der Treppe, die in den Kellerraum führte, war es dunkel, im Flur feucht und moderig. Ich betrat einen winzigen Raum. Überall lagen Schuhe und Flicken herum. Die Zimmerdecke war rissig, das schmutzige kleine Fenster mit Pappe ausgebessert. Ich hatte gedacht, daß es bei uns zu Hause schon schlimm sei, aber wir hatten wenigstens Platz, hatten Möbel und Bücher. Hier standen zwei Betten mit schmutzigem Bettzeug, und in einem lag ein Neugeborenes, schmutzig und ungewaschen, runzelig, kahl und zahnlos wie ein winziges, häßliches altes Weib. Die Mutter hantierte an einem qualmenden Herd. Ein junger Mann mit rotem Bart, eingefallenen Wangen und einer hohen Stirn, die so gelb war wie einige der Lederflicken ringsum, arbeitete an der Werkbank. Während ich auf meine Schuhe wartete, mußte ich in dem Staub und der schlechten Luft husten, und ich erinnerte mich an das, was mein Bruder gesagt hatte: Daß manche sich durch ihre Arbeit zugrunde richteten, während andere, die nichts taten, es zu Erfolg und Reichtum brachten. Plötzlich wurde mir bewußt, wie ungerecht es auf dieser Welt zugeht, in der junge Männer in den Krieg zogen, um getötet oder verwundet zu werden, und in der es Menschen gab, die von morgens bis abends arbeiteten und sich trotzdem nicht ein Stück Brot, ein Hemd oder eine Wiege kaufen konnten. Der Schuster, das wußte ich, konnte nicht ewig weiterkämpfen. Früher oder später würde er an Typhus oder Tuberkulose sterben. Und wie

sollte das Kind groß werden inmitten von Rauch, Staub und Gestank?
Mein Bruder war der Meinung, es solle gar keine Herrscher mehr geben, nicht nur Nikolaus, auch Wilhelm, Karl und der englische König wie auch alle anderen Monarchen müßten gestürzt werden. Republiken sollten die Monarchien ersetzen. Es sollte keine Kriege mehr geben, und das Volk sollte die Herrschaft übernehmen. Warum war das bisher noch nicht geschehen, und warum waren alle Monarchen Despoten?
Als meine Schuhe fertig waren und ich wieder draußen im Sonnenschein stand, fühlte ich mich schuldig. Warum sollte ich verreisen dürfen, während der Schuster in seinem Keller eingesperrt blieb? Noch heute verkörpert dieser Schuster für mich alle Mißstände unserer Gesellschaft. Obwohl ich noch ein Junge war, galt meine Sympathie den russischen Revolutionären. Trotzdem tat mir der Zar leid, der jetzt Holz hacken mußte.
Mein Bruder Joshua brachte uns in einer Droschke zum Danziger-Bahnhof, der damals noch Weichsel-Bahnhof hieß. Er besorgte Fahrkarten für uns, und wir gingen auf den Bahnsteig, um auf den Zug zu warten. Es war ein seltsames Gefühl, die vertraute Umgebung und alle Freunde zu verlassen. Aber schon nach kurzer Zeit kam die riesige Lokomotive hustend und zischend angedampft. Von den furchteinflößenden Rädern tropfte Öl, und in ihrem Innern brannte ein Feuer. Es waren nur wenig Reisende im Zug, und wir hatten einen ganzen Wagen für uns. Die deutsch-österreichische Grenze verlief bei Iwangorod oder Deblin, wie es später hieß, nur vier Stunden von Warschau entfernt.
Pfeifen ertönten, und dann setzte der Zug sich ächzend in Bewegung. Mein Bruder Joshua auf dem Bahnsteig schien immer kleiner zu werden.
Es war aufregend zuzusehen, wie die Welt an uns vorüberglitt. Häuser, Bäume, Fuhrwerke, ganze Straßen huschten vorbei und verschwanden, als ob die Erde ein riesiges Karussell sei.

Gebäude bebten, Schornsteine wuchsen plötzlich aus dem Boden, mit Hüten aus Rauch. Die Türme der Sobol, der berühmten russisch-orthodoxen Kirche, überragten alle anderen Gebäude, ihre Kreuze glitzerten in der Sonne wie Gold.
Schwärme von Tauben, bald schwarz, bald golden, kreisten hoch über der vibrierenden Stadt. Ich fuhr durch die Welt wie ein König oder wie ein großer Zauberer und hatte keine Angst mehr vor Soldaten, Polizisten, Christenjungen und Landstreichern.
Als wir über eine Brücke kamen, entdeckte ich auf einer anderen Brücke winzige Straßenbahnen und Menschen so groß wie Heuschrecken. So mußten zu Moses' Zeiten die Kundschafter für die Riesen ausgesehen haben. Unter uns, auf der Weichsel, fuhr ein Schiff, und am Sommerhimmel standen Wolken, die auch wie Schiffe aussahen und wie Tiere und Berge aus Daunen. Der Zug pfiff und pfiff. Mutter nahm Plätzchen und eine Flasche Milch aus ihrer Reisetasche.
»Sprich den Segen...«
Ich aß Plätzchen und trank Milch und vergaß Krieg, Hunger und Krankheit. Ich war in einem Paradies auf Rädern. Wenn es doch immer so weiterginge!
Sogar mein Freund Baruch-David würde die Teile Warschaus und seiner Umgebung, die ich jetzt sah, nicht kennen. Es wunderte mich, daß es hier Straßenbahnen gab. Wenn sie so weit fuhren, hätte ich schon längst einmal herkommen können. Aber jetzt war es zu spät. Wir fuhren an einem Friedhof vorbei, einer riesigen Stadt aus Grabsteinen. Ich würde vor Angst in Ohnmacht fallen, dachte ich, wenn ich dort nachts hindurch müßte – sogar auch tagsüber. Aber warum sollte man sich vor den Toten fürchten, wenn man in einem Zug fuhr?
In Warschau hatten alle Hunger, aber die Welt, durch die wir kamen, war grün und wunderschön. Mutter zeigte immer wieder auf Weizen, Gerste, Buchweizen, Kartoffeln, auf Apfel- und Birnbäume, an denen die Früchte noch nicht reif waren. Sie war in einer Kleinstadt aufgewachsen. Bauern wendeten das

Heu. Frauen und Mädchen hockten zwischen Ackerfurchen und zogen Unkraut. Die Wurzeln schadeten dem Korn, sagte Mutter.
Plötzlich sah ich ein seltsames Wesen mit ausgestreckten Armen, das kein Gesicht hatte und wie ein Gespenst aussah.
»Was ist das?« fragte ich.
»Eine Vogelscheuche. Sie soll die Vögel erschrecken.«
Mein Bruder Mojsche wollte wissen, ob die Vogelscheuche lebendig sei.
»Nein, Dummerchen.« Ich sah, daß sie nicht lebendig war, trotzdem schien sie zu lachen. Sie stand dort mitten auf dem Feld wie ein Götzenbild. Vögel umkreisten sie krächzend.
Als es zu dämmern begann, kam ein Schaffner. Er lochte unsere Fahrkarten, wechselte ein paar Worte mit Mutter und musterte fasziniert unsere für einen Christen seltsamen Kleider. Sie schienen ihn zu verwirren, obwohl schon Generationen vor ihm neben Juden gelebt hatten.
Im schwindenden Licht des Tages wurden die Dinge draußen noch schöner. Die Blüten erschienen deutlicher vor dem Hintergrund, alles war grün und voller Saft und Düfte und strahlte im Schein der untergehenden Sonne. Ich mußte an einen Vers im Pentateuch denken: »Der Geruch meines Sohnes ist wie der eines Feldes, das der Herr gesegnet hat.«
Es schien mir, als glichen diese Felder, Weiden und Wiesen dem Land Israel. Jakobs Söhne hüteten in der Nähe die Schafe. Vor Josefs Getreidegarben neigten sich die anderen Garben. Bald würden die Ismaeliten auftauchen, auf Kamelen reitend, und ihre Esel und Maultiere würden beladen sein mit Mandeln, Gewürznelken, Feigen und Datteln. Hinter den Bäumen sah man die Ebenen von Mamre. »Da sprach der Herr zu Abraham: ›Warum lacht Sara? Sollte dem Herrn etwas unmöglich sein? Um diese Zeit will ich wieder zu dir kommen über ein Jahr, und Sara soll einen Sohn haben...‹« Plötzlich sah ich etwas Merkwürdiges und fragte Mutter, was das sei.
»Eine Windmühle.«

Bevor wir sie uns richtig ansehen konnten, verschwand sie wieder, wie durch Zauberei. Aber dann tauchte sie hinter uns noch einmal auf. Ihre Flügel drehten sich, um das Korn zu mahlen… Wir sahen einen Fluß, aber Mutter sagte, es sei nicht die Weichsel. Kühe weideten, rote, schwarze und gefleckte. Wir sahen Schafe. Die Welt war wie ein aufgeschlagener Pentateuch. Der Mond und die elf Sterne gingen auf und verneigten sich vor Josef, dem zukünftigen Herrscher Ägyptens.

Es wurde Abend. Im Bahnhof von Iwangorod brannten die Lichter, als wir ankamen. Wir hatten die Grenze erreicht. Sie verlief neben einer Art Straße. Mutter sagte: »Wir sind in Österreich.« Der Bahnhof war voller Soldaten, kleiner als die Deutschen, weniger aufrecht und korrekt. Viele hatten einen Bart und sahen aus wie Juden. Sie trugen Schuhe und Wickelgamaschen. Das Durcheinander erinnerte mich an den zweiten Abend eines Feiertages im Radzyminer Lehrhaus. Die Männer standen in Gruppen redend, rauchend und gestikulierend zusammen, um ihren Frauen Zeit zu geben, das Festmahl zu kochen. Ich fühlte mich wie zu Hause. »Laß uns Schach spielen«, schlug ich meinem Bruder vor. Wir wußten nicht, wie lange wir dort bleiben mußten.

Kaum hatten wir das Schachbrett ausgepackt und uns an einen Tisch gesetzt, waren wir schon von Soldaten und Unteroffizieren umringt. Jüdische Soldaten fragten uns: »Woher kommt ihr?«

»Aus Warschau.«

»Und wohin geht ihr?«

»Nach Bilgoraj. Großvater ist der Rabbi von Bilgoraj.«

Ein bärtiger Soldat sagte, er sei in Bilgoraj gewesen und kenne den Rabbi.

Ein anderer Soldat stand neben mir und sagte mir, welche Züge ich machen sollte, während wieder ein anderer Mojsche half. Schließlich waren es die Soldaten, die spielten. Wir bewegten nur die Figuren. Mutter sah uns zu, besorgt, aber auch stolz. Die Soldaten waren galizische Juden, die am Sabbat wahrscheinlich Pelzhüte und Kaftane aus Mohair trugen. Ihr Jiddisch klang etwas breiter als das Jiddisch, das in Warschau gesprochen wurde. Mein Bruder durfte die Mütze eines Soldaten aufprobieren und seinen Säbel in die Hand nehmen.

Ich kann mich nicht mehr daran erinnern, wie wir die Nacht verbrachten, aber am nächsten Tag fuhren wir nach Rejowiec, wieder in einem halbleeren Eisenbahnwagen.

In Rejowiec war ein russisches Kriegsgefangenenlager. Ich sah unbewaffnete Russen mit ungepflegten Haaren und in abgetragenen Uniformen beim Graben, bewacht von Österreichern. Österreicher und Russen drängten sich an der Verpflegungsausgabe im Bahnhof, die von einem Juden mit gestutztem Bart verwaltet wurde.

Wenn die Russen versuchten, deutsch zu sprechen, hörte es sich an, als sprächen sie ein gebrochenes Jiddisch. Einige Soldaten waren Juden: Sie sprachen jiddisch.

Die russischen Kriegsgefangenen hatten zwischen Rejowiec und Zwierzyniec eine neue Bahnstrecke verlegt und waren noch dabei, als wir am nächsten Tag weiterfuhren. Während Zar Nikolaus Holz hackte, lernten Kosaken Jiddisch. Vielleicht würde der Messias wirklich bald kommen.

Der Rabbi von Bilgoraj,
Großvater von Isaac Bashevis Singer

Bilgoraj

Das Gebiet, durch das wir fuhren, zeigte deutlich die Spuren des russischen Rückzugs – verkohlte Wälder, in denen hin und wieder ein nur halb verbrannter Baum stand mit noch grünen Blättern an den Zweigen. Trotz der dreitägigen Bahnfahrt war meine Neugier noch immer nicht erloschen, und ich betrachtete alles liebevoll: Felder, Wälder, Gärten, Obstgärten und Dörfer... Ein Baum mit emporgestreckten Zweigen schien den Himmel um ein Geschenk zu bitten, ein anderer verneigte sich tief, als hoffe er, von der Erde alles Gute zu bekommen. Ein dritter Baum, völlig schwarz, war ein Opfer des Krieges: Nur seine Wurzeln waren unzerstört geblieben. Ob er noch etwas erwartete oder nur mit dem Sterben beschäftigt war – ich wußte es nicht. Meine Gedanken rasten mit den Rädern dahin, jeder Baum, jeder Busch, jede Wolke gaben mir neue Nahrung. Ich sah Hasen und Eichhörnchen. Der Duft von Kiefernnadeln mischte sich mit anderen Gerüchen, fremdartigen und zugleich vertrauten, wenn ich auch nicht mehr wußte, woher vertraut. Ich wünschte mir, wie der Held in einem Märchenbuch aus dem fahrenden Zug springen und mich in all dem Grün verlieren zu können.

Vor kurzem hatte man zwischen den Dörfern Zwierzyniec und Bilgoraj Gleise verlegt, und obwohl die Arbeit noch nicht beendet war, wurde die Strecke schon befahren. Unser Zug hatte eine kleine Spielzeuglokomotive mit winzigen Rädern und niedrige, offene Güterwagen mit Bänken für die Reisenden nach Bilgoraj.

Jeder sah sonnenverbrannt aus, die Kleider schienen von der Sonne gebleicht zu sein. Die meisten Männer hatten rote Bärte

und trugen Kaftane, und ich hatte das Gefühl, als sei ich mit ihnen allen verwandt.
»Bathseba...«, rief jemand. »Bathseba, die Tochter des Rabbi...«
Obwohl ich wußte, daß das der Name meiner Mutter war, hatte ich noch nie gehört, daß jemand etwas anderes zu ihr sagte als »Hör mal«. Mein Vater redete sie so an, da es bei den Chassidim nicht üblich war, eine Frau bei ihrem Namen zu nennen. Für mich war Bathseba nur ein biblischer Name, den niemand mehr benutzte.
Hier riefen alle Bathseba, und die Frauen umarmten und küßten Mutter. Obwohl sie seit ihrem Traum fest davon überzeugt war, daß ihr Vater tot sei, hatte es noch niemand bestätigt. Trotzdem fragte sie jetzt: »Wann ist es geschehen?«
Nach kurzem, betretenen Schweigen berichteten sie nicht nur von ihrem Vater, sondern auch von ihrer Mutter und von ihrer Schwägerin Sara, Onkel Josefs Frau. Großvater war in Lublin gestorben, Großmutter einige Monate später in Bilgoraj. Sara und eine ihrer Töchter, Ittele, waren an Cholera gestorben. Auch Vetter Ezechiel, der Sohn von Onkel Itsche, und Cousine Itta Deborah, Tante Taubes Tochter, waren gestorben.
An diesem sonnendurchtränkten Tag, inmitten von Kiefernwäldern, in diesem grünen Paradies mußte Mutter diese schrecklichen Nachrichten anhören. Sie begann zu weinen. Ich versuchte, auch zu weinen, weil es mir angemessen erschien, aber es kamen keine Tränen. Ich mogelte: Ich feuchtete meine Augen mit Spucke an. Aber es sah mich niemand an, und es war völlig gleichgültig, ob ich weinte oder nicht.
Plötzlich begannen alle zu schreien: Die hinteren Wagen waren aus den Gleisen gesprungen. Wir mußten lange warten, bis die Wagen mit Stangen wieder auf die Schienen gehoben worden waren. Am kommenden Sabbat, darin stimmten alle überein, mußte ein Dankgebet gesprochen werden. Es war schon geschehen, daß Reisende, die nicht soviel Glück hatten wie wir, auf dieser Behelfsstrecke ums Leben gekommen waren.

Die Landschaft zwischen Zwierzyniec und Bilgoraj war wunderschön. Wir fuhren durch Wälder und Wiesen, und hin und wieder sahen wir eine strohgedeckte Hütte oder ein weißgetünchtes Haus mit einem Schindeldach. Der Zug hielt immer wieder an – damit ein Fahrgast einen Schluck Wasser trinken oder ein anderer hinter den Büschen verschwinden konnte. Manchmal hielt er auch, weil der Lokomotivführer Pakete abliefern oder einen kurzen Schwatz mit einem Bauern, der an der Strecke wohnte, halten wollte. Die Juden sprachen ganz unbefangen mit dem Lokomotivführer, als wäre er der christliche Hausmeister, der am Sabbat in jüdischen Haushalten die Öfen anheizte, und sie baten ihn mehrere Male anzuhalten. Bei einem längeren Aufenthalt kam eine Jüdin mit einem Kopftuch barfuß aus einer Hütte gelaufen, um meiner Mutter ganz frische Brombeeren zu bringen. Sie hatte gehört, daß die Tochter des Rabbi im Zug wäre, und wollte ihr die Beeren zum Geschenk machen. Mutter hatte keinen Appetit, aber mein Bruder Mojsche und ich aßen alle auf. Unsere Lippen, Zungen und Hände waren schließlich blauschwarz. Die Jahre des Hungers hatten ihre Spuren bei uns hinterlassen.
Mutter hatte immer von Bilgoraj geschwärmt, aber es war noch hübscher als in ihren Beschreibungen. Aus der Ferne glichen die Kiefernwälder, die Bilgoraj umgaben, einer blauen Schärpe. Zwischen den Häusern lagen Gärten mit Blumen, Gemüse und Obstbäumen, und davor standen mächtige Walnußbäume, wie ich sie in Warschau nie gesehen hatte, auch im Sächsischen Garten nicht. Eine für mich ganz ungewohnte Heiterkeit lag über diesem Ort. Es roch nach frischer Milch und warmem Brot. Krieg und Armut schienen weit weg zu sein.
Großvaters Haus, ein altes, weißgestrichenes Holzhaus mit moosbewachsenem Dach und einer Bank vor den Fenstern, stand in der Nähe der Synagoge, des rituellen Bades und des Armenhauses. Die Familie kam heraus, um uns zu begrüßen, allen voran Onkel Josef, der Großvaters Nachfolger war. Onkel Josef lief immer hastig herum, obwohl er mager und ge-

beugt war. Er hatte einen schneeweißen Bart, eine Hakennase und glänzende Vogelaugen, er trug den Kaftan eines Rabbis, einen breitrandigen Hut, flache Schuhe und weiße Strümpfe. Ohne Mutter zu küssen, rief er: »Bathseba!«

Eine beleibte Frau, Tante Jentel, seine dritte Ehefrau, kam hinter ihm hergewatschelt. Seine zweite Frau, Tante Sara, war vor eineinhalb Jahren gestorben, seine erste Frau, als er sechzehn war. Tante Jentel war genauso beleibt und gelassen wie Onkel Josef schlank und beweglich war. Sie schien mehr von einer Rebezen an sich zu haben als er von einem Rabbi. Eine Horde rothaariger Kinder folgte ihnen. Ich hatte zwar selbst feuerrotes Haar, aber ich hatte noch nie so viele Rotschöpfe auf einmal gesehen. Bisher war ich mit meinem roten Haar immer aufgefallen, im Cheder, im Lehrhaus und bei uns auf dem Hof. Es war genauso ungewöhnlich wie der Name meiner Mutter, der Beruf meines Vaters und die Schriftstellerei meines Bruders. Aber hier gab es eine ganze Herde von Rotschöpfen, und am rötesten von allen war Brocha, die Tochter meines Onkels.

Wir wurden in die große Küche meines Onkels geführt, wo alles anders war als bei uns zu Hause. Der Herd war so groß wie bei einem Bäcker, und Tante Jentel war gerade beim Brotbakken. Über dem Herd war ein Rauchabzug, und auf dem Herd stand ein Dreifuß, auf dem in einem Topf etwas kochte. Auf dem Tisch lag ein großer Klumpen Zucker, über den Fliegen krabbelten. Es roch nach Sauerteig und Kümmel. Meine Tante bot uns Pflaumenkuchen an, der schmeckte, als ob er aus dem Paradies komme. Meine Vettern Avromele und Samson gingen mit auf den Hof, der in Wirklichkeit ein Garten mit Bäumen, hohen Brennesseln, Unkraut und wilden Blumen war. Das Haus hatte auch eine Veranda, auf der man schlafen konnte. Ich setzte mich auf das Strohsackbett, und es kam mir vor, als hätte ich noch nie solchen Luxus gesehen. Vögel sangen. Ich hörte das Zirpen und Summen von Grillen und anderen Insekten. Hühner liefen durch das Gras, und wenn ich den Kopf hob, konnte ich die Synagoge von Bilgoraj sehen, und hinter ihr erstreckten sich bis zum Rand des Waldes die Felder. Felder in allen Formen und Farben, quadratisch und rechteckig, dunkelgrün, gelb... Ich wünschte mir, ich könnte ewig hier bleiben.

Ein Wasserträger in einer jüdischen Stadt

Neue Zeiten

Auch Bilgoraj, das mein Großvater so lange mit Erfolg gegen die Welt abgeschirmt hatte, stand im Zeichen des Umbruchs. Seine Stetigkeit wurde jetzt von vielen Seiten bedroht. Ein paar Monate nach unserer Ankunft gründeten junge Leute eine zionistische Gesellschaft. Junge Männer sympathisierten mit den Bolschewiki. Im Bethaus spalteten sich die jungen Mitglieder der Gemeinde in zwei Parteien: die Misrachi und die Traditionalisten. Mein Freund Notte Schwerdscharf rief eine Vereinigung junger Pioniere ins Leben, die Hachalutz oder Haschomer, und hatte immer Horden von Kindern um sich, die sich Zebim, Wölfe, nannten. Ich weiß nicht, ob es in größeren Städten die gleichen Tendenzen wie in Bilgoraj gab. Wenn Jungen sich auf der Straße begegneten, nahmen sie Haltung an, schlugen die Hacken zusammen wie die Österreicher und riefen: »*Chazak*! Sei stark!«

Während bis vor einem Jahr Bilgoraj noch eine verschlafene jüdische Gemeinde gewesen war, fanden jetzt jeden Abend Diskussionen und Veranstaltungen statt. Eine Theatertruppe aus Warschau führte im Feuerwehrhaus das Stück *Schulamit* auf. Die Österreicher, die in Bilgoraj eine Schule eingerichtet hatten, bauten am Marktplatz ein Theater. Die Chassidim nahmen es meinen Onkeln übel, daß sie sich das alles gefallen ließen und die Ketzer nicht vertrieben, wie mein Großvater es getan hätte. Aber seine Söhne hatten nicht das Durchsetzungsvermögen wie er.

Jona Ackerman, ein drittklassiger Rechtsanwalt, eröffnete in seinem Haus eine Bücherei mit weltlichen Büchern. Sein Vater, ein aufgeklärter Mann, war ein scharfzüngiger Gegner des

Chassidismus. Als der Rabbi aus Gorlice nach Bilgoraj kam und mit Musik und Glockengeläut begrüßt wurde, stand der alte Ackerman in seiner Haustür und zischte: »Götzendiener!«

Jona Ackerman bemühte sich sein ganzes Leben um Kompromisse. Ein Rechtsanwalt, sagte er, dürfe seine Klienten nicht vor den Kopf stoßen. Er hatte einen gelben Spitzbart, und am Sabbat trug er einen dreiviertellangen Mantel und einen Chasidim-Hut und betete im selben Gorlicer Lehrhaus, das sein Vater so angegriffen hatte. Er war mit russischer Literatur aufgewachsen, nicht mit Tolstoj und Dostojewski, sondern mit älteren Autoren wie Lomonossow und Verfassern von Sittenromanen –, und er war ein Mann mit Grundsätzen, der gern Diskussionen über Fragen der Moral führte. Er war ein Pedant. Seine Handschrift war wie gestochen, und er achtete mit peinlicher Sorgfalt auf Grammatik und Satzbau.

Und er war ein Büchermensch. Er hatte ein erstaunliches Gedächtnis, besaß zahlreiche Wörterbücher und Nachschlagewerke, und man sagte ihm nach, daß er bestimmte Gesetzestexte auswendig kenne. Eines Tages beschloß er, eine Bücherei zu eröffnen, und bestellte jiddische und hebräische Bücher. Im Grunde war er ein durch und durch anständiger alter Junggeselle, altmodisch und ein wenig exzentrisch.

Zu den jiddischen Schriftstellern, die ich zu dieser Zeit kannte, gehörten Mendele Mocher Sforim, Scholem Alejchem, Perez, Asch und Bergelson, aber ich hatte sie nicht sehr gründlich gelesen. Jetzt stürzte ich mich voller Begeisterung auf die Dichtung von Bialik, Tschernichowski, Jacob Cohen und Schne'ur. Ich konnte gar nicht genug kriegen. Ich hatte die beiden Bände *Schuld und Sühne*, die mich so gefesselt hatten, noch nicht vergessen, obwohl ich damals kaum etwas verstanden hatte.

Wenn ich jetzt unter dem Apfelbaum im Garten ein neues Buch anfing, hatte ich es bereits am nächsten Tag durchgelesen. Oft saß ich auch auf einem umgekippten Bücherregal in der Dachkammer und las zwischen alten Töpfen, kaputten Fässern und

Stapeln von Seiten, die aus heiligen Büchern herausgerissen worden waren. Ich las alles: Erzählungen, Romane, Theaterstücke, Essays, Bücher in Jiddisch und Übersetzungen. Beim Lesen bestimmte ich für mich, was gut und was mittelmäßig war, was echt klang und was falsch. Zu dieser Zeit schickte Amerika uns Säcke mit Weizenmehl und Werke europäischer Schriftsteller in jiddischer Übersetzung. Diese Bücher faszinierten mich. Ich las Rejsen, Strindberg, Don Kaplanowitsch, Turgenjew, Tolstoj, Maupassant und Tschechow. Eines Tages verschlang ich ein Buch von Hillel Zeitlin: *Dus Problem fyn Gits yn Schlechts ba Jiden yn andere Völker* (Das Problem von Gut und Böse bei den Juden und bei anderen Völkern). Zeitlin gibt darin einen Überblick über die Geschichte der Philosophie insgesamt und der Philosophie der Juden im besonderen. Etwas später entdeckte ich Stupnickis Buch über *Spinoza.*

Ich erinnerte mich daran, daß Vater immer gesagt hatte, Spinozas Name müsse ausgelöscht werden, und ich wußte, daß Spinoza behauptete, Gott sei die Welt, und die Welt sei Gott. Mein Vater sagte auch, daß Spinoza nichts Neues beigetragen habe. Es gab eine Auslegung von dem berühmten Baal Schem, in der dieser auch die Welt mit der Gottheit gleichsetzte. Baal Schem hatte zwar später gelebt als Spinoza, aber mein Vater meinte, Spinoza habe aus alten Quellen geschöpft – was kein Spinoza-Schüler bestreiten würde.

Das Spinoza-Buch brachte mich völlig durcheinander. Seine Theorie, daß Gott eine unteilbare Substanz sei mit unendlich vielen Attributen, daß Gott selbst seinen eigenen Gesetzen gehorchen müsse, daß es keinen freien Willen gäbe, keine absolute Moral und keinen höheren Zweck, faszinierte und verwirrte mich. Als ich das Buch las, fühlte ich mich wie berauscht, angeregt wie nie zuvor. Es kam mir so vor, als ob sich mir die Wahrheiten, nach denen ich seit meiner Kindheit gesucht hatte, endlich offenbart hätten. Alles war Gott – Warschau, Bilgoraj, die Spinne in der Dachkammer, das Wasser im Brunnen, die Wolken am Himmel, das Buch auf meinen Knien. Alles war göttlich, alles war Denken und Ausdehnung. Ein Stein dachte seine Steingedanken. Das körperliche Sein eines Sterns und seine Gedanken waren zwei Aspekte der gleichen Sache. Neben körperlichen und geistigen Attributen wurde Gott durch zahllose andere Merkmale bestimmt. Gott war ewig, zeitlos. Die Zeit oder die Dauer beherrschte nur die Modi, die Daseinsweisen, Luftblasen im göttlichen Kochtopf, die sich ständig neu formten und zerplatzten. Auch ich war ein Modus, was meine Unentschlossenheit, meine Ruhelosigkeit, mein leidenschaftliches Wesen, meine Zweifel und Ängste erklärte. Aber auch die Modi waren aus dieser einen göttlichen Substanz geschaffen und konnten nur durch Ihn erklärt werden...

Wenn ich heute diese Zeilen schreibe, lese ich sie mit kritischen Augen, da ich inzwischen mit allen Mängeln und Fehlern der Lehre Spinozas vertraut bin. Aber damals stand ich ganz in ihrem Bann, und er wich viele Jahre lang nicht von mir.

Ich war in Hochstimmung. Alles schien plötzlich gut zu sein. Es gab keinen Unterschied zwischen Himmel und Erde, zwischen dem entferntesten Stern und meinem roten Haar. Meine verworrenen Gedanken waren göttlich. Die Fliege, die sich auf meinem Buch niederließ, konnte gar nicht woanders sein, genauso wie eine Meereswelle oder ein Planet dort sein mußten, wo sie zu einer bestimmten Zeit waren. Die dümmsten Gedanken, die mir durch den Kopf gingen, hatte Gott für mich gedacht ... Himmel und Erde wurden ein und dasselbe. Die Naturgesetze waren göttlich. Die wahren Wissenschaften Gottes waren Mathematik, Physik und Chemie... Mein Wunsch zu lernen wurde immer größer.

Zu meinem Erstaunen interessierten sich andere Jungen, Notte Schwerdscharf und Meir Hadas, nicht im geringsten für meine Entdeckungen. Daß ich mich so darin vertiefte, verblüffte sie genauso, wie mich ihre Gleichgültigkeit erschütterte.

Eines Tages kam Notte zu mir und fragte mich, ob ich Lust hätte, Hebräisch-Unterricht zu geben.

»Wem?« fragte ich.

»Anfängern. Jungen und Mädchen.«
»Aber was ist mit Mottel Schur?« fragte ich. »Er ist doch der Hebräisch-Lehrer.«
»Den wollen sie nicht.«
Ich weiß heute noch nicht, warum sie Mottel Schur ablehnten, es sei denn, weil er Streit mit den Gründern der Abendschule hatte, die jetzt mich einstellen wollten. Mottel hatte eine Schwäche: Er sagte den Leuten, was er von ihnen hielt. Außerdem prahlte er gern ein bißchen, und vielleicht hatte er auch nur zuviel Geld verlangt. Ich wagte kaum, das Angebot anzunehmen, denn ich wußte, daß es meiner Mutter peinlich sein und in der Stadt Befremden hervorrufen würde. Aber aus irgendeinem Grund sagte ich zu.
Als ich meine erste Unterrichtsstunde in dem Privathaus gab, stellte ich fest, daß meine Schüler keine Kinder waren, wie ich angenommen hatte, sondern junge Männer und junge Mädchen, und daß die jungen Mädchen in der Überzahl waren. Die Mädchen waren etwa in meinem Alter, einige sogar älter. Sie kamen in ihren besten Kleidern. Ich stand in einem langen Kaftan, mit Samthut und herunterhängenden Schläfenlocken vor ihnen. Wie ich es bei meiner angeborenen Schüchternheit überhaupt fertiggebracht habe, diese Aufgabe zu übernehmen, weiß ich nicht mehr. Aber ich habe die Erfahrung gemacht, daß schüchterne Menschen manchmal besonders mutig sind. Ich erzählte ihnen alles, was ich über Hebräisch wußte. Mein Unterricht erregte Aufsehen in Bilgoraj. Man muß sich vorstellen: Der Enkel des Rabbi gab Nichtjuden Unterricht in Hebräisch! Nach der ersten Stunde war ich von Mädchen umringt. Sie stellten Fragen, lächelten. Plötzlich sah ich ein besonders schmales Gesicht, ein dunkles Mädchen mit pechschwarzen Augen und einem Lächeln, das ich nicht beschreiben kann. Ich war verwirrt, und als sie mir eine Frage stellte, verstand ich nicht, was sie sagte. Ich hatte inzwischen Romane und viele Gedichte gelesen: Ich war vorbereitet auf jene Unruhe, die die Schriftsteller »Liebe« nennen...

Isaac Bashevis Singer mit 22 Jahren.
Damals begann er zu schreiben.

Schoscha

In den Jahren, in denen wir in der Krochmalna 10 wohnten, blieb ich abends meistens zu Hause. Es war dunkel in unserem Hof, und die kleinen Petroleumlampen im Treppenhaus gaben mehr Rauch als Licht. Die Geschichten von Teufeln, Dämonen und Werwölfen, die meine Eltern erzählten, machten mir angst vor der Dunkelheit. Darum blieb ich zu Hause und las.

Damals hatten wir einen Nachbarn, der Bascha hieß und drei Töchter hatte: Schoscha, die neun war, Ippa, fünf Jahre alt, und die zweijährige Teibele. Bascha war der Besitzer eines Ladens, der bis spät abends geöffnet war.

Im Sommer sind die Abende kurz, im Winter aber sind sie sehr lang. Der einzige Ort, an den ich abends gehen konnte, war Schoschas Wohnung. Um aber dorthin zu gelangen, mußte ich durch einen dunklen Korridor gehen. Ich brauchte dazu nur eine Minute, doch diese Minute war voller Schrecken. Glücklicherweise hörte Schoscha mich beinahe jedesmal kommen – laufend und schwer atmend – und öffnete mir dann rasch die Tür.

Sobald ich sie sah, verlor ich alle Angst. Schoscha wirkte kindlicher als ich, obwohl sie ein Jahr älter war. Sie hatte eine helle Haut, blonde Zöpfe und blaue Augen. Wir fühlten uns zueinander hingezogen, weil wir uns gern Geschichten erzählten und auch gern zusammen spielten.

In dem Augenblick, wo ich die Wohnung betrat, holte Schoscha die »Sachen« hervor. Ihr Spielzeug bestand aus Dingen, die die Erwachsenen ausrangiert hatten: Knöpfe von alten Mänteln, der Griff eines Teekessels, eine hölzerne Spule ohne Garn, Stanniolpapier von einem Teepäckchen und ähnliches.

Ich malte mit Buntstift oft Menschen und Tiere für Schoscha, was diese und ihre Schwester Ippa sehr bewunderten.
In Schoschas Wohnung stand ein Kachelofen, hinter dem ein Heimchen wohnte. Den ganzen Winter über zirpte es Nacht für Nacht. Ich stellte mir vor, daß das Heimchen eine Geschichte erzählte, die nie aufhören würde. Aber wer versteht schon die Sprache der Heimchen? Schoscha glaubte, daß hinter dem Ofen auch ein Hauskobold lebe. Ein Hauskobold tut niemandem etwas zuleide, er hilft sogar manchmal im Haushalt. Trotzdem fürchtet man sich vor ihm.
Schoschas Hauskobold spielte gern kleine Streiche. Wenn Schoscha vor dem Schlafengehen Schuhe und Strümpfe auszog und in die Nähe ihres Bettes legte, fand sie beides am nächsten Morgen auf dem Tisch wieder. Der Hauskobold hatte sie dort hingelegt. Mehrere Male ging Schoscha mit geöffnetem Haar zu Bett, und der Hauskobold flocht es zu Zöpfen, während sie schlief. Einmal, als Schoscha mit den Fingern Schattenspiele machte und an der Wand das Bild einer Ziege entstehen ließ, sprang die Schattenziege von der Wand herunter und stieß Schoscha vor die Stirn. Auch das war ein Trick des Hauskobolds. Ein anderes Mal schickte die Mutter Schoscha zum Bäkker, um frische Brötchen zu holen, und gab ihr einen Silbergulden mit. Schoscha verlor den Gulden auf der Straße und kam verängstigt und weinend nach Hause. Plötzlich fühlte sie eine Münze in der Hand. Der Hauskobold zupfte an ihrem linken Zopf und flüsterte ihr ins Ohr: »Schlemihl.«
Ich hatte diese Geschichten schon viele Male gehört, aber sie ließen mich jedesmal von neuem vor Aufregung zittern. Ich dagegen dachte mir gern Sachen aus. So erzählte ich den Mädchen, daß mein Vater einen Schatz besitze, der in einer Höhle im Wald versteckt sei. Ich prahlte damit, daß mein Großvater der König von Bilgoraj sei. Ich behauptete Schoscha gegenüber, daß ich ein Zauberwort kenne, das die Welt zerstöre, wenn man es ausspreche. »Bitte, Itschele, bitte sag es nicht«, flehte sie mich an.

Der Weg zurück in unsere Wohnung war noch schrecklicher als der Weg hin zu Schoscha. Meine Furcht wuchs mit den Geschichten, die wir einander erzählten. Es kam mir so vor, als ob der dunkle Flur voll böser Geister sei. Ich hatte einmal eine Geschichte gelesen über einen Jungen, der von Dämonen gezwungen wurde, einen weiblichen Dämon zu heiraten. Ich hatte Angst, daß das auch mir passieren könnte. In der Geschichte lebte das Paar irgendwo in der Wüste, in der Nähe des Berges Seir. Ihre Kinder waren halb Mensch, halb Dämon. Während ich durch den dunklen Korridor rannte, sagte ich immer wieder Worte auf, die mich vor den Wesen der Finsternis beschützen sollten:

»Du sollst einer Hexe nicht gestatten zu leben –
Zu leben sollst du einer Hexe nicht gestatten.«

Als wir in die Krochmalna 12 umzogen, konnte ich Schoscha abends nicht mehr besuchen. Zudem war es unpassend für einen chassidischen Jungen, der den Talmud studierte, mit Mädchen zu spielen. Doch Schoscha fehlte mir. Ich hoffte, daß wir uns einmal auf der Straße begegnen würden, aber Monate und Jahre vergingen, ohne daß wir einander wiedersahen.

Schließlich wurde Schoscha für mich zu einem Bild der Vergangenheit. Tagsüber dachte ich oft über sie nach, und nachts träumte ich von ihr. In meinen Träumen war Schoscha schön wie eine Prinzessin. Mehrere Male träumte ich, daß sie den Hauskobold geheiratet habe und mit ihm in einem dunklen Keller lebe. Er brachte ihr Essen, aber sie durfte den Keller nie verlassen. Ich sah sie auf einem Stuhl sitzen, mit einem Tau daran gefesselt, während der Hauskobold sie mit einem winzigen Löffel mit Marmelade fütterte. Er hatte den Kopf eines Hundes und die Flügel einer Fledermaus.

Nach dem Ersten Weltkrieg verließ ich meine Familie in Bilgoraj und kehrte nach Warschau zurück. Ich begann zu schreiben, und meine Geschichten erschienen in Zeitungen und Zeitschriften. Ich schrieb auch einen Roman, dem ich den Titel *Sa-*

tan in Goraj gab und in dem ich von den Teufeln und Dämonen früherer Zeiten berichtete. Ich heiratete und wurde Vater eines Sohnes. Ich beantragte Reisepaß und Visum, um in die Vereinigten Staaten auszuwandern, und eines Tages traf beides ein. Nun konnte ich Warschau für immer verlassen.

Ein paar Tage vor meiner Abreise führte mich mein Weg in die Krochmalna. Ich war seit Jahren nicht mehr dort gewesen und wollte noch einmal die Straße sehen, in der ich aufgewachsen war.

Es hatte sich nur wenig geändert, wenn auch die Häuser älter und noch ärmlicher aussahen. Ich warf hier und da einen Blick in die Hinterhöfe: riesige Abfalleimer, halbnackte Kinder mit bloßen Füßen. Die Jungen spielten Fangen, Verstecken, Räuber und Gendarm – genauso wie wir vor fünfundzwanzig Jahren. Die Mädchen spielten Himmel und Hölle. Plötzlich kam mir der Gedanke, daß ich Schoscha vielleicht ausfindig machen könnte. Ich steuerte auf das Haus zu, in dem wir gewohnt hatten. Großer Gott, es war alles völlig unverändert: die abblätternden Wände, der Abfall. Ich kam zu dem Flur, der zu Schoschas Wohnung führte, und es war dort ebenso dunkel wie früher. Ich zündete ein Streichholz an und tastete mich zur Wohnungstür vor. Dabei wurde mir klar, wie unsinnig das alles war. Schoscha mußte über dreißig sein. Es war mehr als unwahrscheinlich, daß die Familie noch immer im selben Haus wohnte. Und selbst wenn ihre Eltern noch lebten und hier wohnten – Schoscha hatte sicher geheiratet und war fortgezogen. Aber irgend etwas, was ich nicht erklären konnte, zwang mich, an die Tür zu klopfen.

Niemand machte auf. Ich zog am Schnappriegel (wie ich es früher manchmal getan hatte), und die Tür öffnete sich. Ich betrat eine Küche, die genauso aussah wie Baschas Küche vor fünfundzwanzig Jahren. Ich erkannte den Mörser und den Stößel wieder, den Tisch, die Stühle. Träumte ich? Konnte das wahr sein?

Dann sah ich ein Mädchen von etwa acht oder neun Jahren.

Du lieber Gott, es war Schoscha! Die gleiche helle Haut, das gleiche blonde, zu Zöpfen geflochtene Haar mit roten Schleifen, der gleiche, etwas zu lange Hals. Das Mädchen blickte mich erstaunt an, schien aber keine Angst zu haben.
»Wen suchen Sie?« fragte es, und es war Schoschas Stimme.
»Wie heißt du?« fragte ich.
»Ich? Bascha.«
»Und wie heißt deine Mutter?«
»Schoscha«, erwiderte das Mädchen.
»Wo ist deine Mutter?«
»Im Laden.«
»Ich habe mal hier gewohnt«, erklärte ich. »Ich habe mit deiner Mutter gespielt, als sie ein kleines Mädchen war.«
Bascha musterte mich mit großen Augen und fragte dann: »Sind Sie Itschele?«
»Woher weißt du von Itschele?« fragte ich. Ich hatte einen Kloß im Hals. Ich konnte kaum sprechen.
»Meine Mutter hat mir von ihm erzählt.«
»Ja, ich bin Itschele.«
»Meine Mutter hat mir alles erzählt. Von Ihrem Vater, der im Wald eine Höhle voll Gold und Diamanten hatte, und von einem Wort, mit dem man die ganze Welt in Brand stecken konnte. Wissen Sie es noch?«
»Nein, ich weiß es nicht mehr.«
»Was ist mit dem Gold in der Höhle passiert?«
»Jemand hat es gestohlen«, sagte ich.
»Und ist Ihr Großvater noch immer König?«
»Nein, Bascha, er ist nicht mehr König.«
Eine Weile schwiegen wir beide. Dann fragte ich: »Hat deine Mutter dir vom Hauskobold erzählt?«
»Ja, wir hatten einen Hauskobold, aber er ist nicht mehr da.«
»Was ist mit ihm geschehen?«
»Ich weiß es nicht.«
»Und das Heimchen?«
»Das Heimchen ist noch da, aber es zirpt vor allem nachts.«

Ich ging hinunter in das Süßwarengeschäft, in den Laden, in dem Schoscha und ich uns immer Bonbons geholt hatten, und kaufte Kekse, Schokolade und türkischen Honig. Dann ging ich wieder hinauf und gab Bascha die Süßigkeiten.
»Willst du eine Geschichte hören?« fragte ich sie.
»O ja.«
Ich erzählte Bascha eine Geschichte von einem wunderschönen blonden Mädchen, das ein Dämon in die Wüste, zum Berg Seir, entführt und gezwungen hatte, ihn zu heiraten, und von den Kindern aus dieser Ehe, die halb Mensch, halb Dämon waren. Bascha wurde nachdenklich. »Ist sie dort geblieben?«
»Nein, Bascha. Ein frommer Mann, Rabbi Lejb, hörte von ihrem Unglück. Er reiste in die Wüste und befreite sie.«
»Wie?«
»Ein Engel half ihm dabei.«
»Und was geschah mit ihren Kindern?«
»Die Kinder wurden richtige Menschen und blieben bei ihrer Mutter. Der Engel brachte sie auf seinen Flügeln in Sicherheit.«
»Und der Dämon?«
»Er blieb in der Wüste.«
»Hat er nie wieder geheiratet?«
»Doch, Bascha, das hat er. Er heiratete jemanden, die wie er war, einen weiblichen Dämon.«
Wir schwiegen wieder, und plötzlich hörte ich das vertraute Zirpen eines Heimchens. Konnte es das Heimchen meiner Kindheit sein? Gewiß nicht. Vielleicht sein Urururenkel. Aber es erzählte die gleiche Geschichte, so alt wie die Zeit, so rätselhaft wie die Welt und so lang wie die dunklen Winternächte in Warschau.

Erklärendes Wortverzeichnis

Dieses Verzeichnis ist kein Kommentar. Im folgenden werden lediglich im Text vorkommende, weitgehend unbekannte Begriffe und Namen – soweit möglich – alphabetisch in kurzer Form erklärt. Die Schreibweise jiddischer Eigennamen wurde eingedeutscht, mit Ausnahme offiziell bekannter Namen. Sie entspricht im wesentlichen der allgemein gebräuchlichen Schreibweise. Ist in einer Erklärung ein Wort *kursiv* geschrieben, so bedeutet das, daß unter diesem Wort wiederum eine nähere Erklärung zu finden ist.

Aw (hebr.): 11. Monat des jüdischen Kalenders (Juli/August); der 9. *Aw* (Tischa be-Aw): Trauer- und Fasttag zur Erinnerung an die Zerstörung des Tempels von Jerusalem durch die Römer (70 n. Chr.).

Asch, Schalom: Jiddischer Schriftsteller (1880–1957); hat in seinen Romanen und Erzählungen jüdisches Leben in Osteuropa und New York beschrieben.

Aschkenasim (hebr.): Mittel- und osteuropäische Juden im Gegensatz zu den süd- und westeuropäischen Juden (Sephardim); vgl. unter *Jiddisch.*

Baal Schem, Baal Schem Tow (hebr.): Eigentlich Israel ben Elieser (um 1700–1760); osteuropäischer Wundertäter (Baal Schem) und Begründer des *Chassidismus.*

Bar-Mizwa (hebr. ›Sohn des Gebotes‹): Am *Sabbat* nach der Vollendung des 13. Lebensjahres werden jüdische Knaben feierlich in die jüdische Glaubensgemeinschaft mit allen religiösen Rechten und Pflichten eingeführt und sind von da an für deren Einhaltung verantwortlich.

Baruch ben Abraham: Prediger in Kosow; lebte in der 2. Hälfte des 18. Jh.; verfaßte eine Art Einleitung in die *Kabbala.*

Bathseba: Biblische Gestalt; Frau des Uria und Geliebte des König *David,* den sie später heiratete; Mutter von *Salomo.*

Bejgel (hebr.): Brezel

Bergelson, David: Jiddischer Schriftsteller (1884–1952); begründete in der jiddischen Literatur den psychologischen Roman.

Beschneidungsfest: Am 8. Tag nach der Geburt eines jüdischen Knaben findet in Gegenwart des Vaters und eines Paten die Beschneidung (Lösen der Vorhaut) statt; Zeichen des Bundes zwischen dem Volk Israel und seinem Gott; gilt als höchste religiöse Pflicht.

Bialik, Chajim Nachman: Hebräischer Dichter und Lyriker (1873–1934); Zionist; übertrug Cervantes ›Don Quichote‹ und Schillers ›Wallenstein‹ ins Hebräische; Verfasser e. Epos über Judenprogrom in Kischinew 1903.

Bolschewiki: 1903 von Lenin und seinen Anhängern gewählte Bezeichnung für die Mitglieder ihrer Fraktion innerhalb der russischen Sozialdemokraten; 1917 Sieg der Bolschewiki in Rußland; seit 1918 Umbenennung in ›Kommunistische Partei‹.

Chamez (hebr. ›Gesäuertes‹): Bezeichnung für alles, was aus den Körnern von Weizen, Roggen, Gerste und Hafer mit Sauerteig zubereitet wird; darf während des Pessachfestes nicht gegessen und muß daher entfernt werden.

Chassid (Plur. Chassidim): Anhänger des *Chassidismus.*

Chassidismus: Religiöse Bewegung im osteuropäischen Judentum; im 18. Jh. begründet von *Baal Schem Tow;* strenge Gläubigkeit und Betonung des Gefühls; zentrales Anliegen ist der Gottesdienst in Freude: Die *Chassidim* sollen eine Gemeinschaft in fröhlicher Geselligkeit bilden. Radzymin und Lublin waren Hauptzentren des Chassidismus. Vgl. unter *Rabbi.*

Cheder (hebr. ›Stube‹): Traditionelle Grundschule der osteuropäischen Juden für Knaben vom 4. Lebensjahr an. Vielfach fand der Unterricht im Hause des Lehrers statt. Lehrstoff: das hebräische *Gebetbuch,* die *Thora* und der *Talmud.*

Cohen, Schalom ben *Jacob:* Jiddischer Schriftsteller (1772–1845); gab u. a. eine Sammlung von Fabeln heraus und verfaßte eine Geschichte des jüdischen Volkes.

Das Buch des Aufrechten (hebr. ›Sefer Ha-Jaschar‹): Sittenbuch; von Serachja Ha-Jewani im 13. Jahrhundert verfaßt; behandelt in 18 Kapiteln den Gottesdienst; wegen seines volkstümlichen Stils neben den *Herzenspflichten* beliebtestes Buch in jüdischen Häusern.

David: Erster König von Israel-Juda (etwa 1000–970 v. Chr.) und Begründer der judäischen Dynastie.

Di brider Ashkenasi: Siehe unter *Singer, Israel Joshua.*

Die Herzenspflichten (hebr. ›Chowot Ha-Lewawot‹): Verbreitetstes und einflußreichstes Sittenbuch des Judentums; 1080 von Bachja Ibn Paquda verfaßt; behandelt in 10 Kapiteln den Weg des wahrhaft Gläubigen.

Die starke Hand: Siehe unter *Maimonides.*

Die Zuchtrute Judas (hebr. ›Schewet Jehuda‹): Geschichte der Judenverfolgungen bis zum 15. Jahrhundert; im wesentlichen von Salomo Ibn Verga verfaßt; erschien 1551; sehr populäres Lesebuch, in dem die Verfolgung der Juden als göttliche Zuchtrute, als Strafe, für ihren zu wenig gottgefälligen Lebenswandel angesehen wird; Lessings Fabel von den drei Ringen (vgl. ›Nathan der Weise‹) findet sich hierin in abgewandelter Form.

Döbel: Langer, bis zu 3 kg schwerer Karpfenfisch.

Don Kaplanowitsch: Jiddischer Schriftsteller und Journalist (geb. 1880); beschreibt jüdisches Leben in der Kleinstadt.

Dostojewski, Fjodor Michailowitsch: Russischer Schriftsteller (1821–81); Verfasser zahlreicher Romane, in denen der Mensch und das Problem von Gut und Böse im Mittelpunkt stehen. In dem Roman *Schuld und Sühne* (1866) ist der Held Raskolnikow, der »starke Mensch«, der zu allem berechtigt ist.

Edison, Thomas Alva: Amerikanischer Autodidakt (1847–1931); hat den Telegraphen, den Phonographen (Vorläufer des Grammophons) und die Glühbirne erfunden.

Elia(s): Bedeutendster Prophet des Alten Testaments.

Elias aus Grajdik: Konnte nicht ermittelt werden.

Esau: Biblische Gestalt; wurde von seinem Zwillingsbruder *Jakob* für ein Linsengericht um seine Rechte als erstgeborener Sohn gebracht.

Eunuch: Durch Kastration zeugungsunfähiger Mann.

Galizien: Landschaft zwischen dem Hügelland von *Lublin* und den Karpaten; innerhalb der Donaumonarchie Ende des vorigen Jahrhunderts autonomer Staat; nach 1918 von Polen annektiert.

Gebetbuch (hebr. Siddur): Sammlung der jüdischen »Stammgebete« für Werktage, *Sabbat* und Feste.

Gebetsmantel (hebr. Tallis): Quadratisches Tuch aus Wolle und Seide, das Männer vom 13. Lebensjahr an beim Morgengebet umlegen.

Gemara (hebr.): Sammlung der erklärenden Kommentare zur *Mischna;* entstanden in den palästinensischen Lehrhäusern (um 400 n. Chr.) und den babylonischen Lehrhäusern (im 6. Jh.); einer der beiden Teile des *Talmud.*

Gog und Magog: In der rabbinischen Literatur und in der Apokalypse mythischer Doppelname für den Feind des Gottesvolkes.

Goldfaden, Abraham: Schauspieler und Stückeschreiber (1840–1908); gründete 1877 mit Laiendarstellern die erste jiddische Theatergruppe; verfaßte 1883 *Schulamit,* ein sehr beliebtes Theaterstück.

Hachalutz: Siehe unter *Haschomer.*

Haman: Nach dem Buch Esther Wesir (Minister) des persischen Königs Xerxes I., der alle Juden im Perserreich töten lassen wollte. Esther verhindert dies; Haman wird getötet.

Haschomer Hazair: Größter zionistischer Jugendbund mit sozialistischen Ideen; seit 1919 unter der jüdischen Jugend in Osteuropa und Rußland stark verbreitet; Ziel war die Übersiedlung nach Palästina.

Heiligung des Leviten (hebr. ›Keduschat Ha-Levi‹): Predigtsammlungen von Rabbi Levi Isaac, eines der bedeutendsten polnischen *Chassidim*-Rabbis; erschienen 1858; enthält eine populäre chassidische Sittenlehre, wonach die Gemeinschaft der Gemeinde mit Gott durch freudige Seelenstimmung und nicht durch eine Kasteiung erreicht werden kann.

Herzl, Theodor: Österreichischer jüdischer Schriftsteller und Journalist (1860–1904); Begründer des *Zionismus,* einer Bewegung unter den Juden Osteuropas, die die Errichtung eines selbständigen jüdischen Nationalstaates forderte; Verfasser von ›Der Judenstaat‹ (1886); wurde 1897 auf dem 1. Zionistischen Weltkongreß in Basel zum Präsidenten der zionistischen Weltorganisation gewählt. Nach dem 2. Weltkrieg wurde mit der Gründung des Staates Israel seine Idee verwirklicht.

Ismaeliten: Nachkommen von Ismael, dem ersten Sohn von Abraham; umfaßten 12 Stämme; siedelten in alttestamentarischer Zeit im arabischen Wüstengebiet südwestlich von Israel.

Jakob: Sohn Isaaks und Vater der 12 Stammväter Israels; erkaufte sich für ein Linsengericht von seinem Bruder *Esau* das Erstgeburtsrecht und erwarb so den Segen des Vaters.

Jiddisch: Aus dem Mittelhochdeutschen entstandene Mischsprache der ursprünglich aus Nordfrankreich und Deutschland stammenden und seit dem 14. Jh. nach Osteuropa ausgewanderten Juden, der *Aschkenasim.* Neben hebräischen Sprachelementen nahm sie dort auch slawische auf und wurde zur Umgangssprache osteuropäischer Juden; seit dem 19. Jh. in Presse, Literatur und Wissenschaft allgemein gebräuchliches Kommunikationsmittel. Isaac B. Singer schreibt alle seine Bücher in jiddischer Sprache.

Jonathan: Biblische Gestalt; Sohn König Sauls und Freund *Davids;* starb im Kampf gegen die Philister.

Josef: Biblische Gestalt des Alten Testaments; Lieblingssohn *Jakobs;* wurde von seinen Brüdern als Sklave nach Ägypten verkauft, wo er ein hoher Staatsbeamter wurde und das Land vor einer Hungersnot bewahrte.

Josefs Brüder: Simon, Levi und Juda; siehe unter *Josef.*

Kabbala (hebr., wörtlich ›das Empfangene‹, ›Überlieferung‹): Lehre und Schriften der mittelalterlichen jüdischen Mystik seit dem 13. Jh.; Hauptwerk: *Sohar;* wirkt im *Chassidismus* nach und setzt sich u. a. mit dem Sinn des Alten Testaments auseinander; versucht, mit Hilfe von Begriffs- und Zahlenkombinationen die geheime Bedeutung der Welt zu ergründen.

Kaftan: Mantelartiges, langes und vorne geknöpftes Übergewand der orthodoxen Juden.

Kiddusch-Becher: Ein Becher voll Wein, über dem zur Weihe des *Sabbats* oder eines religiösen Festtags ein Gebet (Kiddusch) gesprochen wird.

Konfuzius: Chinesischer Philosoph und Staatsmann (551–473 v. Chr.), auf den die Lehre des Konfuzianismus zurückgeht. Ihre Grundlage ist die Menschlichkeit als höchstes anzustrebendes Gut, wobei die Familie eine zentrale Rolle spielt.

Kopeke: Russische Münze; vgl. unter *Rubel.*

Koscher (hebr. kascher, ›recht‹): Einwandfrei; den Speisevorschriften des jüdischen Religionsgesetzes entsprechend zubereitetes Essen. Tiere werden rituell geschlachtet, Fleisch- und Milchprodukte dürfen weder zusammen zubereitet, noch zusammen gegessen werden.

Laubhüttenfest (hebr. Sukkot, von Sukka ›Hütte‹): Jüdisches Erntedankfest zur Erinnerung an die Wanderung der Juden durch die Wüste nach dem Auszug aus Ägypten; dauert 8 Tage. Während dieser Zeit nimmt man – wie die Kinder Israel damals auf dem Weg durch die Wüste – die Mahlzeiten in einer Hütte ein, die im Garten, im Hof oder auf dem Balkon gebaut wird.

Lehrhaus: Haus, in dem jüdische Gemeindemitglieder beten, die *Thora* und den *Talmud* studieren und diskutieren.

Leviathan: Drache im Alten Testament und in der Apokalypse; Symbol der Weltmächte.

Lomonossow, Michael Wassiljewitsch: Russischer Universalgelehrter und Dichter (1711–65).

Lublin: Stadt in Ostpolen an der Grenze zur UdSSR; 1915–18 Sitz des österreichischen Generalgouverneurs.

Maimonides, Moses: Eigentlich Rabbi Mose ben Maimon; berühmtester Rabbiner des Mittelalters, Arzt und Philosoph (1135–1204); Hauptwerke: Arabischer Kommentar zur *Mischna;* ›Mischne Thora‹, (hebr. ›Wiederholung der Lehre‹) 1170–80; 14bändiges, neben der Bibel und dem *Talmud* wichtigstes Werk der jüdischen Religion; streng wissenschaftliches Kompendium über Religion und Recht der gesamten jüdischen Gesetzgebung; fester Halt für das rabbinische Judentum, daher später auch *Die Starke Hand* genannt.

Mamre: Kultischer Hain, der nördlich von Hebron in Israel liegt.

Matze (hebr. Mazze, Mazza): Ungesäuertes Brot; an *Pessach* darf nur Matze gegessen werden.

Maupassant, Guy de: Französischer Schriftsteller (1850–93).

Mendele Mojcher Sforim: Eigentlich Scholem Jakob Abramowitsch; Begründer der jiddischen Literatur in Osteuropa (1835–1917); verfaßte vier große Sozialromane über das Leben der Juden im Ghetto der Städte.

Menora: Siebenarmiger Leuchter, hohes kultisches Symbol im Judentum und eines der wichtigsten Bildmotive der jüdischen religiösen Kunst.

Mischna (hebr., wörtlich ›Wiederholung‹): Um 200 n. Chr. abgeschlossene Aufzeichnung des bis dahin mündlich überlieferten jüdischen Religionsgesetzes; eingeteilt in sechs Ordnungen (Sederim); einer der beiden Teile des *Talmud.*

Misrachi: 1902 gegründete Vereinigung der thoratreuen Zionisten. Vgl. unter *Herzl.*

Neujahrstag: Vgl. unter *Rosch Ha-Schana.*

Nikolaus II.: Russischer Zar (1868–1918); dankte bei Ausbruch der Februar-Revolution 1917 ab, wurde nach Sibirien verbannt und während des Bürgerkriegs 1918 ermordet.

Parabeln des Predigers von Dubnow: Konnte nicht ermittelt werden.

Pentateuch (griech.): Die fünf Bücher Mose (Genesis, Exodus, Leviticus, Numeri, Deuteronomion), in die das Gesetz Mose (*Thora*) seit dem 2. Jh. n. Chr. eingeteilt ist; enthalten die Geschichte Israels von seinem Beginn bis zum Tod Moses, in die umfangreiche Gesetzestexte, kultische, moralische und juristische Vorschriften, eingefügt sind; heilige Haupturkunde des Judentums; wird am *Sabbat* verlesen.

Perez, Isaac Lejb: Jiddischer Schriftsteller (1851–1915); Mitbegründer der modernen jiddischen Literatur; schilderte erstmals die Welt des *Chassidismus* (›Chassidische Erzählungen‹).

Pessach, Passah (hebr., wörtl. ›Vorüberschreiten‹, ›Verschonung‹): Jüdisches Fest zur Erinnerung an den Auszug der Kinder Israel aus Ägypten; beginnt am 14./15. Nisan (März/April), zu Beginn des Frühjahrs, und dauert acht Tage; am Vorabend wird im Familienkreis ein Lamm und ungesäuertes Brot, die *Matze*, gegessen sowie andere Speisen, die an das Elend der ägyptischen Knechtschaft erinnern sollen; daher auch ›Fest der ungesäuerten Brote‹ genannt.

Praga: Vorstadt von Warschau, auf dem rechten Weichselufer gelegen.

Purimfest (hebr.): Jüdisches Freudenfest zur Erinnerung an die im biblischen Buch Esther beschriebene Errettung der persischen Juden vor dem Anschlag *Hamans*; wird am 14. Adar (Februar/März) begangen und mit Purimgeschenken gefeiert. Unter den *Aschkenasim* werden seit dem 16. Jh. Purimspiele aufgeführt.

Rabbi (hebr. ›Mein Herr‹, ›Meister‹): Anrede und Amtsbezeichnung für Lehrer und Gelehrte; im *Chassidismus* auch Bezeichnung für den Zaddik, den Gerechten und Weisen, der durch inbrünstige Gebete und einen gottgefälligen Lebenswandel den Bitten der Irdischen vor Gott Gehör verschafft und die göttliche Gnade vom Himmel auf die Erde herabfleht.

Rahel: Gestalt des Alten Testaments; Frau von *Jakob*.

Raschi: Abkürzung für *Ra*bbi *Sch*elomo *Y*zchaki, d. i. Salomo ben Isaak (1040–1105); jüdischer Gelehrter und populärster Kommentator der Bibel und des babylonischen *Talmud*; der Talmud-Kommentar ist seit 1483 allen Talmud-Ausgaben beigegeben.

Reb: ›Herr‹; Ehrentitel für Gebildete, Fromme und für ältere Männer.

Rebezen: Frau des Rabbi.

Rejsen, Abraham: Jiddischer Schriftsteller (1875–1953); setzte sich dafür ein, daß das *Jiddische* Nationalsprache der Juden werden sollte.

Rituelles Bad (hebr. Mikwe): Badehaus für ein in bestimmten Fällen von Frauen zu vollziehendes, noch heute übliches Reinigungsbad, wobei der Körper völlig untertauchen muß.

Rosch Ha-Schana (hebr. ›Anfang des Jahres‹): Jüdisches Neujahrsfest; wird am 1. und 2. Tischri (September/Oktober) gefeiert. Mit ihm beginnen die zehn Bußtage, die am 10. Tischri mit dem *Versöhnungsfest* (Jom Kippur) enden.

Rothschild: Jüdische Bankiersfamilie deutscher Abstammung.

Rubel: Russische Geldeinheit; 1 Rubel = 100 *Kopeken*.

Sabbat (hebr. Schabbat, ›Ruhe‹): Der 7. Tag der Woche (Samstag); Ruhetag; erinnert an Gottes Schöpfungswerk. Juden dürfen an diesem Tag nicht arbeiten. Der Sabbat beginnt – wie alle jüdischen Feste – bereits am Vorabend, also am Freitagabend. Dann werden in der Wohnung und in den *Synagogen* die Sabbatlichter angezündet. Die Sabbat-Vorschriften waren im *Chassidismus* besonders streng.

Salomo: König von Israel und Juda (um 965–926 v. Chr.); Sohn von *David* und *Bathseba*; berühmt wegen seiner Weisheit; Verfasser einiger biblischer Bücher (Sprüche, Prediger, Das Hohe Lied, Psalmen).

Sambation: Für die Juden sagenumwobener Fluß im Orient, an dessen Ufern angeblich zehn verlorene israelitische Stämme wohnen sollen.

Samson: Siehe unter *Simson*.

Sarajevo: Hauptstadt der Republik Bosnien und Herzegowina. Hier wurde am 28. Juli 1914 der österreichische Erzherzog Franz Ferdinand ermordet.

Schächter: Jüdischer Schlachter; tötet die Tiere nach den Vorschriften des jüdischen Religionsgesetzes.

Schläfenlocken: Nach biblischer Vorschrift darf das Kopfhaar nicht rundherum abgeschnitten werden. Orthodoxe Juden lassen das Haar daher an den Schläfen wachsen.

Schlemihl (jidd. ›Pechvogel‹): Liebenswürdige Bezeichnung für einen Menschen, dem nichts gelingt, weil er immer alles falsch anpackt.

Schma, Schema (hebr. ›höre‹): Das Gebet des täglichen Morgen- und Abendgottesdienstes; besteht aus drei Bibelabschnitten (5. Mose 6, 4–9 und 11, 13–21 sowie 4. Mose 15, 37–41), deren erster mit dem Glaubensbekenntnis beginnt: »Höre Israel (hebr. Schma Jisrael), der Ewige ist unser Gott, der Ewige ist einzig.«

Schne'ur, Salman: Jiddischer Schriftsteller (1887–1959); beschrieb das Ostjudentum.

Scholem Alejchem: Eigentliche Scholem Rabinowitsch; jiddischer Schriftsteller (1859–1916); schilderte ostjüdisches Volksleben. Bekanntestes Werk: ›Tewje der milchiger‹ (Tewje der Milchmann), 1895–1915, nach dem 1964 das Musical ›Anatevka‹ entstand.

Schuld und Sühne: Siehe unter *Dostojewski.*

Schulamit: Siehe unter *Goldfaden.*

Simson: Biblische Figur aus dem Alten Testament; mit übermenschlicher Körperkraft ausgestattet.

Singer, Israel Joshua: Jiddischer Schriftsteller (1893–1944); Bruder von Isaac Bashevis Singer; lebte seit 1934 in New York; schrieb zahlreiche Theaterstücke und Familienromane, in denen er die sozialen und politischen Wandlungen des osteuropäischen Judentums darstellt, u. a. *Di brider Ashkenasi* (Die Brüder Aschkenasi), 1936.

Sohar (hebr. ›Buch vom Glanz‹): Hauptwerk der *Kabbala*; soll auf den im 13. Jh. lebenden spanischen Juden Mose ben Schemtow de Léon zurückgehen; besteht aus drei Hauptteilen. Der *Chassidismus* hat viele Gedanken des Sohar in popularisierter Form in sich aufgenommen.

Spinoza, Baruch de: Holländischer Philosoph (1632–77); bedeutendster Vertreter des Rationalismus und Pantheismus; vgl. unter *Stupnicki.*

Strindberg, August: Schwedischer Dramatiker und Schriftsteller (1849–1912); schrieb zahlreiche Bühnenstücke, die noch heute zum Repertoire eines jeden Theaters gehören.

Stupnicki, Saul: Schriftsteller (geb. 1876); Zionist; Redakteur verschiedener osteuropäischer Zeitungen; veröffentlichte 1917 in Warschau: ›Baruch Spinoza. Seine Philosophie, Bibelkritik, Staatslehre und seine Bedeutung in der Entwicklung des menschlichen Denkens‹.

Synagoge: Kultisches Zentrum der jüdischen Gemeinde. Vgl. unter *Thora.*

Talmud (hebr., wörtl. ›Belehrung‹, ›Lehre‹, ›Studium‹): 5900 Folioseiten umfassendes nachbiblisches Sammelwerk des Judentums; eine Art Protokoll der jahrhundertelangen historischen und fiktiven mündlichen Diskussionen in den jüdischen Lehrhäusern; gilt als Enzyklopädie aller Wissensgebiete und dient als Fundament jüdischer Erziehung und Bildung; besteht aus der *Mischna* und der *Gemara.* Nach den Entstehungsorten der Gemara unterscheidet man den palästinensischen Talmud und den – stärker verbreiteten – babylonischen Talmud.

Thora (hebr., wörtl. ›Lehrer‹): Die auf einer Pergamentrolle aufgezeichneten fünf Bücher Mose, der *Pentateuch;* wird in einem kostbaren Schrein in der Synagoge verwahrt.

Titanic: Englischer Luxusdampfer; stieß auf seiner Jungfernreise in der Nacht vom 14. zum 15. April 1912 bei der Großen Neufundlandbank mit einem Eisberg zusammen und sank. Von den über 2000 Menschen an Bord konnten nur rund 700 gerettet werden.

Tolstoj, Lew Nikolajewitsch Graf: Russicher Dichter (1828–1910); berühmt für seine Romane (›Anna Karenina‹, ›Krieg und Frieden‹, u. a.).

Tschechow, Anton Pawlowitsch: Russischer Schriftsteller (1860–1904); berühmt für seine Kurzgeschichten und seine impressionistischen Theaterstücke.

Tschernichowski, Saul: Hebräischer Schriftsteller (1875–1943); besang die griechische Götterwelt auf Hebräisch.

Turgenjew, Iwan: Russischer Dichter (1818–83); bekannt für seine realistischen Erzählungen.

Versöhnungstag: Sühnetag der Juden; seit 70 n. Chr. ›Jom Kippur‹ genannt; höchster jüdischer Feiertag; Abschluß der mit dem Neujahrsfest beginnenden zehn Bußtage.

Widderhorn (hebr. Schofar): Mundstückloses Horn der Juden; ergibt etwa drei Töne; Instrument des Kultus und des Krieges; noch heute in der Synagoge gebräuchlich.

Wilhelm II.: Deutscher Kaiser (1859–1941); mußte nach der Revolution von 1918 abdanken und floh in die Niederlande.

Wohllaut des Elimelech (hebr. ›Noam Elimelech‹): Wichtigstes theoretisches System des *Chassidismus;* verfaßt von Elimelech aus Lisensk (Galizien, 1717–87).

Zeitlin, Hillel: Hebräisch-jüdischer Schriftsteller (1871–1942); seit 1910 ständiger Mitarbeiter an der Zeitung ›Moment‹; schrieb eine Monographie über *Spinoza* (1900); stand unter dem Einfluß des *Chassidismus* und der Mystik; veröffentlichte 1911 in Warschau ein Buch über ›Das Problem von Gut und Böse...‹.

Zionismus: Siehe unter *Herzl.*

Wer noch mehr von Isaac B. Singer lesen möchte, dem seien die folgenden Bücher empfohlen:

Als Schlemihl nach Warschau ging. Und andere Geschichten. Aarau: Sauerländer 1978. – Taschenbuchausgabe: dtv 2523
Feinde. Die Geschichte einer Liebe. München: Hanser 1974. – Taschenbuchausgabe: dtv 1216
Gimpel der Narr. Ausgewählte Erzählungen. Reinbek: Rowohlt Verlag 1968
Jakob der Knecht. Reinbek: Rowohlt Verlag 1965
Der Kabbalist vom East Broadway. Geschichten. München: Hanser Verlag 1976. – Taschenbuchausgabe: dtv 1393
Das Landgut. Roman. München: Hanser Verlag 1979
Leidenschaften. Geschichten aus der neuen und der alten Welt. München: Hanser Verlag 1977. – Taschenbuchausgabe: dtv 1492
Mein Vater der Rabbi. Reinbek: Rowohlt Verlag 1971
Satan von Goraj. Reinbek: Rowohlt Verlag 1969
Schoscha. Roman. München: Hanser Verlag 1980
Der Zauberer von Lublin. Reinbek: Rowohlt Verlag 1967. – Taschenbuchausgabe: rororo 4436